dana jacobi

super foods

von süßkartoffel bis kichererbse

fotos
erin kunkel

CHRISTIAN

Die Kraft der Pflanzen

Ich esse am liebsten einfache und möglichst natürliche Mahlzeiten. Das heißt, ich bevorzuge Speisen, deren Zutaten hauptsächlich pflanzlichen Ursprungs sind, die zugleich gut schmecken und kreativ, aber auch gesund sind. Die Rezepte in diesem Buch sind von der mediterranen Küche inspiriert und enthalten vor allem Obst, Gemüse, Vollkorn und Hülsenfrüchte. In manchen herzhaften Rezepten gibt es auch Geflügel, Fisch oder Fleisch als zusätzliche Eiweißlieferanten. Ich verwende auch gerne gesunde Fette, geschmackvolle und fettarme Milchprodukte sowie Kräuter und Gewürze, das verleiht den Speisen das geschmackliche Extra. Außerdem liebe ich es, Gerichte mit Nüssen oder Samen aufzupeppen.

Die Rezepte in diesem Buch bestehen jeweils aus nur wenigen Zutaten und sind schnell zubereitet. Manche Gerichte bestechen durch unerwartete Kombinationen oder einen Hauch von Exotik. Andere Rezepte sind gesunde Varianten von beliebten Klassikern.

Tun Sie noch etwas anderes für Ihr Wohlbefinden: Genießen Sie die Rezepte mit den Menschen, die Sie lieben. Für mich ist das ebenso wichtig, wie den Fleischkonsum zu reduzieren und Zutaten zu verwenden, die reich an Antioxidantien sind. Gut zu essen bedeutet auch, sich vielfältig zu ernähren – von allem ein bisschen, mit Maß und Ziel – und sich nicht zwanghaft an strikte Verbote und Gebote zu halten.

Was Ihnen gut tut, kann auch für die Gesellschaft und den Planeten nützlich sein, also kaufe ich möglichst viel bei regionalen Landwirten oder Produzenten ein und achte darauf, dass Tiere artgerecht gehalten werden. Ich weise darauf hin, wo es sinnvoll wäre, Bio-Produkte zu verwenden, und teile die Empfehlungen des Environmental Defense Fund. Auch bei Meeresfrüchten und Fischen achte ich auf Nachhaltigkeit und halte mich an die Richtlinien des Monterey Bay Aquarium's Seafood Watch.

Ich hoffe, dass dieses Buch zu Ihrem vertrauten Begleiter in der Küche und zu einer stetigen Informationsquelle für gesunde Ernährung wird und dass Sie viel Spaß dabei haben, sich mit Freunden und Familie durch die Rezepte zu kosten.

Dana Jacobi

Kohl & Kreuzblütler

Sie sind reich an Vitamin A, C, Beta-Carotin und Mineralstoffen. Aufgrund der Schwefelverbindungen, die auch für den kräftigen Geschmack sorgen, kann das Krebsrisiko durch den Verzehr einer Portion (30 g) Kohl am Tag signifikant gesenkt werden.

Brokkoli

Brokkoli enthält viele gute Ballaststoffe, die dem Körper dabei helfen, krebserregende Giftstoffe zu neutralisieren und abzubauen. Die Röschen sind richtige Vitaminbomben, vor allem jene mit einer bläulichen oder violetten Färbung. In einem Pesto sorgen ein paar Röschen für einen Nährstoff-Kick.

Pak Choi

Mit seinem Kalzium, Kalium, Vitamin A und Beta-Carotin macht sich dieser milde asiatische Kohl roh und fein geschnitten gut im Salat, schmeckt aber auch gedünstet köstlich. Geben Sie zuerst die weißlichen harten Stiele in die Pfanne und fügen Sie erst später die dunkelgrünen Blätter hinzu. Baby-Pak-Choi enthält weniger Ballaststoffe.

Mehr zu Brokkoli/ Brokkolini siehe Seite 146

Rosenkohl

In 100 g gekochtem Rosenkohl sind 4 g Eiweiß, Vitamin A und C, Folsäure sowie eine beeindruckende Menge an Carotinoiden enthalten. Damit sie gleichmäßig gar werden, wählen Sie gleich große Sprossen. Sie schmecken am besten, wenn Sie sie längs geviertelt oder in Scheiben geschnitten mit Knoblauch und Olivenöl oder Brühe kurz garen, sodass sie noch knackig sind.

Chinakohl

Der Chinakohl mit seinen hellgrünen, gekräuselten Blättern ist ein wunderbarer Folsäure-Lieferant und enthält Nährstoffe, die stark mit Krebsvorsorge in Verbindung gebracht werden. Er ist nachgiebiger und weicher als normaler Grünkohl und eignet sich daher perfekt für asiatische Gerichte oder als Füllung einer Tortilla.

Kohl

Weißkohl versorgt Sie mit viel Folsäure, Ballaststoffen, Beta-Carotin und Vitamin C, während roter Kohl doppelt so viel Vitamin C enthält. Die rote Farbe entsteht durch Antioxidantien, die vor krankheitserregenden freien Radikalen schützen. Nach dem Schneiden verliert der Kohl schnell seine Nährstoffe. Wenn man ihn bissfest gart, behält er seinen süßlichen Geschmack.

Blumenkohl

Weißer, grüner und violetter Blumenkohl versorgen Sie mit Vitamin B5, B6 und C sowie Folsäure, außerdem mit Mangan, einem Spurenelement, das sowohl das Gehirn als auch der Zuckerstoffwechsel brauchen, um reibungslos zu funktionieren. Verwenden Sie diesen vielseitigen Kreuzblütler in Suppen und Eintöpfen, gestampft oder gedämpft, als Rohkost oder im Salat. Die Köpfe sollten fest sein, ohne weiche Stellen oder braune Flecken.

Dunkles Blattgemüse

Die kräftigen Farben und Aromen dieser Blattgemüse sind ein Indikator für die gesunden Inhaltsstoffe. Sie alle sind reich an Carotinen und Carotinoiden. Kreuzblütler enthalten auch wichtige Schwefelverbindungen.

Brauner Senf/Amchoi

Es gibt zwei verschiedene Arten von Senfblättern. Die erste hat scharf schmeckende, große, gekräuselte Blätter, die nach Kohl den zweiten Platz beim Kalzium-Gehalt belegen. Sie werden am besten geschmort. Die zweite Art, asiatische Sorten mit milderem Geschmack, haben kleinere, carotinreiche Blätter, die zart genug sind, um sie nur kurz in der Pfanne anzubraten.

Rübstiel

Nutzen Sie die Blätter und die Blüten dieses Blattgemüses, das reich an Beta-Carotin ist, nur nicht das Ende des harten Stiels. Das Kochen mildert den bitteren Geschmack des Kreuzblütlers ebenso wie ein Spritzer Zitronensaft oder Essig.

Spinat

Als Spitzenlieferant der den Herzkreislauf stärkenden Folsäure, von Carotinoiden, Eisen und knochenstärkendem Vitamin K ist Spinat sehr vielseitig. Spinat kann Salat auf einem Sandwich ersetzen oder einem Hackbällchen das besondere Extra verleihen.

Mehr zu Grünkohl siehe Seite 102

Grünkohl

Unter den Kreuzblütlern schlägt der Grünkohl sogar den Brokkoli, was den Gehalt an Beta-Carotin, Carotinoid, Vitamin A und Kalzium betrifft. Es gibt viele verschiedene Arten von Grühnkohl. Zartere Sorten machen sich gut als Salat, aber alle können einfach und schnell in Brühe oder Wein angeschmort werden; so entsteht eine leichte und gesunde Beilage.

Mangold

Kochen Sie die zarten Blätter und die knackigen Stiele getrennt voneinander, da die ballaststoffreichen Stiele mit ihrem milden Aroma eine längere Garzeit haben als die carotinreichen Blätter mit dem würzig-zarten Geschmack. Die Blätter ähneln Spinat und die Stiele können geschmort oder gekocht und dann angebraten werden. Die roten und gelben Stiele können manchmal zu hart sein, um sie zu essen.

Kohlblätter

Diese Nährstoffbombe enthält so viel Kalzium wie ein Glas Milch. Außerdem liefert sie wertvolle Schwefelverbindungen. Für den vollen Geschmack dämpfen oder blanchieren Sie die gehobelten Blätter, um sie dann mit Knoblauch oder Speck zu schmoren oder anzubraten.

Blattsalate

Die verlockendsten Salate bestehen aus mehr als nur einer Sorte. Damit schlägt man zwei Fliegen mit einer Klappe, denn die Vielfalt ist auch gesünder. Wer jeden Tag zwei Portionen Blattsalat isst, nimmt die Mengen an Folsäure, Vitamin A, C und K, Carotinen, Mineralstoffen und eine große Anzahl an sekundären Pflanzenstoffen auf, die man braucht, um gesund zu bleiben.

Römersalat

Machen Sie den Römersalat zum Herzstück Ihres Salats – denn er tut Ihrem Herzen gut. Das darin enthaltene Chrom hilft dabei, einen gesunden Blutzuckerspiegel zu halten. Wenn man den Salat in lange Spalten schneidet und diese dann auf dem Grill scharf anbrät, erhält man einen tolles rauchiges und knuspriges Geschmackserlebnis, das mit ein paar frisch geriebenen Parmesanspänen besonders lecker ist.

Radicchio

Die weinrote Farbe und der bittere Geschmack dieser Chicorée-Art stammen von den gleichen Antioxidantien, die auch in Auberginen und roten Beeren vorkommen. Für einen klassischen Salat Tricolore mischen Sie Radiccio mit Endivie und Brunnenkresse. Gegrillter Radicchio mit Salsa verde (Seite 135) zeigt, wie Hitze den bitteren Geschmack dämpft und den Blättern eine warme braune Farbe verleiht.

Brunnenkresse

Fügt man die pikante Brunnenkresse zu Salaten hinzu, verstärkt das deren Geschmack. Die pikante Note kommt von den gleichen Schwefelverbindungen, die man in Brokkoli und anderen Kreuzblütlern findet. Zudem enthält Kresse Kalzium, Vitamin A und K sowie Carotinoide. Als Beilage mit Knoblauch und Ingwer angebraten peppt sie jede Speise auf.

Rucola

Mit nur 25 Kalorien pro 100 g ist dieser nussige Salat reich an Kalzium und Vitamin C. Die pikante Note verrät, dass er krebsvorbeugende auf Schwefel basierende Pflanzenstoffe enthält, der wildwachsende, besonders scharfe Rucola sogar noch mehr. Für eine leichte Mahlzeit betten Sie Tomaten- und Mozzarellascheiben auf Rucola.

Zwiebel & Verwandte

Der ausreichende Verzehr von Zwiebelgewächsen – vom scharfen Knoblauch und Zwiebel bis hin zum milderen Lauch und Frühlingszwiebel – hält gesund. Ihr Geschmack rundet nicht nur jedes Gericht ab, sondern die enthaltenen Nährstoffe helfen auch bei Herzkrankheiten, Bluthochdruck und erhöhten Cholesterinwerten.

Lauch

Lauch enthält die gleichen Sulfide wie andere Zwiebelgewächse, die Krebs vorbeugen und das Blut verdünnen, wodurch sie das Risiko für Schlaganfälle minimieren. Lauch enthält auch Carotinoide und Vitamin A, die für das Auge wichtig sind. Braten Sie für mehr Geschmack in Gemüse- und Bohnensuppen gehackten Lauch mit Zwiebeln an.

Knoblauch

Roher Knoblauch hat viele Vorteile, er ist entzündungshemmend, antibakteriell und antimikrobiell. Lassen Sie gehackten Knoblauch 10 Minuten stehen, so kann er seine Wirkung voll entfalten. Reduzieren Sie die Kochtemperatur, die die Wirkung wieder abschwächen würde. Es hilft auch, wenn man den Knoblauch erst später im Kochprozess hinzufügt.

Frühlingszwiebel

Mit ihrem milden Geschmack enthalten die jungen Zwiebeln nur eine kleine Menge der Schwefelverbindungen, die andere Zwiebelarten aufweisen, aber sie enthalten wichtiges Vitamin C und Folsäure. Diese Zwiebelsorte kann man roh am leichtesten verdauen, also fügen Sie sie gehackt zu Salaten oder Saucen hinzu oder sautieren Sie sie mit Spinat.

Rote Zwiebel

Studien zufolge weisen rote Zwiebeln eine höhere Konzentration von gesundheitsfördernden Substanzen in ihren äußeren Schichten auf als andere Zwiebelsorten und sie sollen das Krebsrisiko minimieren. Wenn Sie die Zwiebel 5–10 Minuten vor dem Kochen schneiden, entfaltet sie ihre volle Wirkung.

Gelbe Zwiebel

Antioxidantien verleihen dem Zwiebel seine Farbe. Zwiebeln sind auch reich an Probiotika, von denen sich die guten Bakterien im Darm ernähren. Man kann Zwiebeln leicht in den Speiseplan integrieren, wenn man sie in dicken Scheiben in einer Pfanne oder auf dem Grill scharf anbrät und als Beilage reicht.

Schalotten

Schalotten vereinen den Geschmack von Knoblauch und Zwiebel, enthalten aber weniger Nährstoffe. Sie verleihen Saucen, Suppen, Eintöpfen und Marinaden das gewisses Extra. Wickeln Sie ganze Schalotten in Folie und backen Sie sie bei 200 °C, bis sie gar sind. Das passt gut zu Fisch, Veggie-Burgern und Eiersalat.

Wurzeln, Knollen & Stängel

Diese Wurzeln und Knollen sowie Spargel, der über der Erde wächst, bestechen durch ihre außergewöhnlichen, teilweise süßlichen Aromen. Sie sind meist roh und gekocht genießbar. Dabei enthalten manche Sorten so viel Zucker, dass sie kaum noch Lust haben werden, zu naschen. Sie alle sind reich an Ballaststoffen.

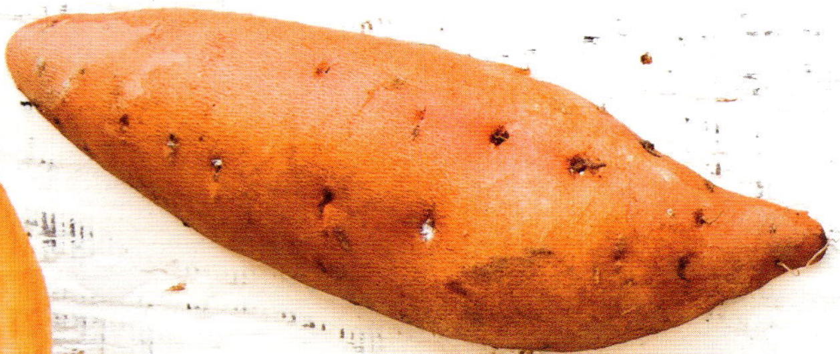

Süsskartoffeln

Die Menge von Vitamin A, C und B_6, Mangan, Kalium und Beta-Carotin in Süßkartoffeln schwankt je nach Farbe (Cremefarben, Gelb, dunkles Orangerot) der Kartoffel – je dunkler das Fleisch, desto höher ist der Phytamin-Gehalt. Backen Sie die Süßkartoffeln, zerdrücken Sie dann das weiche Fleisch mit einer Gabel und genießen Sie den gesündesten Kartoffelbrei der Welt.

Radieschen

Die Radieschen stammen aus der Familie der Kreuzblütler und enthalten krebsvorbeugende Pflanzenstoffe. Sie sind auch reich an Vitamin C, Folsäure und etlichen Mineralstoffen. Den scharfen, pfeffrigen Geschmack genießt man am besten roh, sie können zu Salaten oder auf belegte Brote gegeben oder als Snack mit einer Prise Meersalz gegessen werden. Um die Schärfe abzumildern, können Sie die Radieschen in Scheiben dünsten oder anbraten.

Spargel

Egal ob Sie die dünnen oder dicken Stängel bevorzugen, 125 g Spargel liefern so viele Ballaststoffe wie eine Scheibe Mehrkornbrot. Diese Ballaststoffe sind unter anderem gut für Ihre Darmflora. Spargel liefert außerdem haufenweise Vitamin A und K und enthält viele entzündungshemmende und krebsvorbeugende Verbindungen.

Rote Bete

Das Pigment, das der Rübe ihre Farbe verleiht, hilft dabei, Ihren Körper zu entgiften. Damit Ihre Finger sauber bleiben, verwenden Sie Einweghandschuhe oder Frischhaltefolie beim Kochen. In Frankreich serviert man geraspelte Bete als Salat. Probieren Sie auch die Blätter, die wie Mangold schmecken. Dünsten Sie diese und reichen Sie sie mit Olivenöl und Zitronensaft beträufelt.

Karotten

Krebsvorbeugende Carotinoide und cholesterinsenkende Ballaststoffe sorgen dafür, dass Karotten nicht nur gut für die Augen sind. Sie liegen nach Rüben an zweiter Stelle, was den Zuckergehalt betrifft. Ihre Ballaststoffe helfen aber bei der Zuckeraufnahme. Genießen Sie sie roh oder im Backofen oder in der Pfanne gebraten.

Sommerkürbisse

Sommerkürbise werden unreif geerntet, daher ist ihre Schale meist dünn und kann mitgegessen werden. Halten Sie Ausschau nach gelben Flaschenkürbissen, nach dem UFO-ähnlichen Pattison oder dem ovalen Spaghetti-Kürbis. Dämpft man diese Kürbisse über Wasser oder Brühe, bleiben die geringen Mengen an Vitamin A und C sowie die Mineralstoffe erhalten.

Tomaten

Tomaten sind reich an Vitamin A und C, Carotinen, und Carotinoiden, besonders an Lycopin, einem Carotinoid, das vermutlich gegen Herzkrankheiten und einige Krebserkrankungen schützt. Wenn Tomaten rot werden, steigt der enthaltene Carotinoid-Anteil. Wenn man sie im Kühlschrank lagert, verzögert sich dieser Prozess, der Geschmack wird zerstört und die Tomaten werden matschig, also bewahren Sie sie an einem lichtgeschützten Ort auf. Um gentechnisch veränderte Tomaten zu meiden, empfiehlt es sich, Tomaten aus biologischem Anbau zu kaufen.

Zucchini

Um von allen enthaltenen Nährstoffen zu profitieren, lassen Sie die Schale bei allen Rezepten an der Zucchini. Da Sie die Schale mitessen, ist es immer gut, auf biologische Herkunft zu achten. Diese Kürbisart ist reich an Ballaststoffen, Vitamin A und C und Kalium. Die Zucchini wird der Star jedes Gerichts, wenn Sie sie mit Knoblauch bissfest anbraten und dann mit frischem Basilikum bestreuen.

Fruchtgemüse

Wir bezeichnen all diese Zutaten als Gemüse, aber sie enthalten Samen und zählen daher botanisch zu Obst. Vielleicht lassen sie sich darum so gut mit Früchten kombinieren: So macht sich eine Gurke gut in einer Mango-Salsa, grüne Paprikaschoten und Pfirsiche harmonieren mit Blattsalat oder versuchen Sie einmal eine Avocado mit Grapefruitspalten.

Mehr zu Tomaten siehe Seite 162

Infos zu Chilischoten siehe Seite 72

Avocado

Die cremige Avocado ist voller guter Fette und einer Verbindung, die das Risiko von Blutgerinnseln senkt. Die weiche Hass-Sorte – leicht erkennbar an der narbigen Schale – enthält am meisten dieser Nährstoffe. Sie können die Avocado einfach in die Ernährung einbinden, zum Beispiel zerdrückt als Buttterersatz bei belegten Broten und püriert in Smoothies.

Paprika

Violette, rote, orangefarbene und gelbe sind grüne Paprikaschoten, die ausreifen konnten. Die Reifung versüßt nicht nur den Geschmack, sondern verbessert auch den Nährstoffgehalt: Grüne Paprikaschoten, die viel Vitamin C enthalten, werden reich an Vitamin A und Carotinoiden, sobald sie andere Farben annehmen. Als Antipasto reichen Sie gegrillte Paprikaschoten mit Olivenöl und Zitronensaft beträufelt.

Gurke

Gurken sind nicht nährstoffreich, aber sehr füllend. 150 g enthalten nur 14 Kalorien und ihre Saftigkeit hilft dabei, sich satt zu fühlen. Wählen Sie ungewachste und am besten Bio-Gurken, damit Sie sie ungeschält genießen können. Beim Einkaufen drücken Sie sie, frische Gurken sollten überall fest sein.

Beeren & Trauben

Beeren und Trauben sind voller Antioxidantien, sodass sie zum täglichen Speiseplan zählen sollten. Essen Sie sie nicht nur roh, sondern verwenden Sie sie auch beim Kochen – egal ob süß oder pikant. Braten Sie zum Beispiel Schweinemedaillons, löschen Sie den Bratensatz mit Rotwein ab, fügen Traubenhälften hinzu, schwenken sie in einem Klecks Butter und genießen Sie diese rosige Sauce zu den Medaillons.

Trauben & Rosinen

Rote und blaue Trauben sind die beste Wahl, ihre Schale enthält die gleichen gesundheitsfördernden Verbindungen, die auch im Rotwein vorkommen. Nachdem sowohl Trauben als auch Rosinen einen hohen Zuckergehalt haben, essen Sie sie weniger nebenbei, sondern fügen Sie sie zu Müslis, Salaten und Desserts hinzu. Backen Sie eine Focaccia, bestreut mit halbierten Trauben, frisch gehacktem Thymian oder Rosmarin, und genießen Sie einen echten toskanischen Snack.

Blaubeeren

Blaubeeren sind ein wertvoller Antioxidantien-Lieferant und gut für das Gedächtnis. Außerdem sind sie reich an Flavonoiden, die Krebs und Herzerkrankungen vorbeugen. Durch ihre Vielfältigkeit, den niedrigen Kaloriengehalt und die vielen Ballaststoff sind sie ein Muss für gesunde und ausgewogene Ernährung.

Brombeeren

Diese dicken Beeren sind mit Ballaststoffen vollgepackt – 125 g enthalten mehr als 7 g. Um sie regelmäßig zu essen, kombinieren Sie Pfannkuchen mit Brombeeren, die mit etwas Zucker geköchelt werden, und mischen Sie sie unter andere Beeren, wenn Sie Kuchen, Mus oder Kompott zubereiten. Nehmen Sie Beeren, die ganz schwarz sind, denn nur dann sind sie richtig süß, selbst bei einem Hauch von Violett können sie sauer sein.

Himbeeren

Himbeeren sind unglaublich reich an Ballaststoffen, 125 g enthalten 9 g, was einem Drittel des täglichen Bedarfs entspricht. Sie enthalten auch Antioxidantien. Die frischen Beeren schmecken köstlich und sollten gleich gegessen werden. Falls das nicht geht, legen Sie sie nebeneinander auf ein mit Küchenpapier ausgelegtes Backblech in den Kühlschrank.

Cranberrys

Cranberrys erhalten ihren säuerlichen Geschmack durch Tannine, die auch in Rotwein und Tee vorkommen. Ihre dunkle Farbe verrät, dass sie noch viele andere Nährstoffe enthalten. Um Cranberrys das ganze Jahr zu essen, fügen Sie getrocknete (möglichst ungezuckerte) Cranberrys zu Salaten, Studentenfutter hinzu und frische oder gefrorene Beeren zu Saucen, Bratensaft und anderen Gerichten.

Erdbeeren

Das strahlende Rot der Erdbeere verrät den Reichtum an Antioxidantien, die Krebs vorbeugen und das Kurzzeitgedächtnis unterstützen. Erdbeeren enthalten auch viel Vitamin C und eine hohe Anzahl an Ballaststoffen. Sie sind auch bei Kindern sehr beliebt, halten Sie sie also für gesunde Zwischenmahlzeiten bereit.

Mehr zu
Erdbeeren
siehe Seite 52

Mehr zu
Blaubeeren
siehe Seite 212

Zitrusfrüchte

Um einen Raum mit Duft zu befüllen, schälen Sie einfach eine Zitrusfrucht. Die ätherischen Öle in ihrer Schale sind auch gut für Ihre Gesundheit. Deswegen ist es von Vorteil, den Saft oder die Schale – nur von unbehandelten Früchten – beim Kochen zu verwenden. Jede Sorte enthält andere Nährstoffe, also genießen Sie die Vielfalt! Die meisten Früchte haben von Winter bis Frühling Saison.

Klementinen

Diese Kreuzung zwischen Orange und Mandarine hat ähnliche Vorteile wie diese beiden Sorten. Klementinen sind kleiner als Orangen und haben eine dunklere Farbe. Sie haben kaum Kerne, sind leicht zu schälen und deswegen bei Kindern sehr beliebt. Ein großartiges Obst für zwischendurch mit viel Vitamin C, Kalzium und Kalium.

Limetten

Limetten, die ähnliche Gesundheitsbooster enthalten wie Zitronen, sind ein hervorragender Lieferant von Vitamin C, Folsäure, Vitamin B_6, Kalium, und Phytaminen. Pressen Sie Limetten großzügig in Getränke und würzen und verfeinern Sie damit so oft wie möglich asiatische und südamerikanische Speisen.

Kumquats

Kumquats sind die einzigen Zitrusfrüchte, die man im Ganzen essen kann, also mit der Schale, deren ätherische Öle reich an Antioxidantien sind. Frische Kumquats weisen außerdem einen hohen Anteil an Flavonoidverbindungen, Vitamin A und C und Ballaststoffen auf. Schneiden Sie sie in dünne Scheiben und garnieren Sie damit Salate und Desserts.

Mandarinen

Mandarinen sind viel leichter zu schälen als andere Zitrusfrüchte. Sie enthalten nicht nur Antioxidantien, sondern auch Tangeretin, ein entzündungshemmendes Phytamin, das das Blut verdünnt und Krebs vorbeugt. Ganze Mandarinen, in dünne Scheiben geschnitten, sind gebacken auf Hähnchenbrust oder Truthahnschnitzel köstlich.

Zitronen

Nur ein wenig ihres Safts oder ihrer Schale verleiht beinahe jedem Gericht mehr Geschmack und beugt dabei auch Krebs vor. Meyer-Zitronen, eine Kreuzung aus Zitrone und Mandarine, sind so süß, dass sie für die Herstellung von ungezuckerten Limonaden verwendet werden können.

Grapefruits

Weiße Grapefruits, hauptsächlich aus Florida, schmecken am süßesten und haben viele gesunde Nährstoffe. Rosafarbene und rote Sorten enthalten zudem noch Antioxidantien. Am besten schmecken die Sorten »Star Ruby«, »Flame« oder »Rio Red«.

Orangen

Neben außerordentlich viel Vitamin C und Kalium enthalten Orangen auch besonders viele Flavonoide, wirkungsvolle Verbindungen, die hauptsächlich in Zitrusfrüchten zu finden sind. Alles in allem sind Orangen so nährstoffreich, dass man ihre gesundheitsfördernden Vorteile gar nicht alle auf einmal nennen kann.

Steinobst

Die Früchte tragen ihren Namen aufgrund ihres großen Kerns oder »Steins«. Sie haben von Spätfrühling bis Sommer Saison und je intensiver ihre Farbe ist, desto mehr gesundheitsfördernde Nährstoffe enthalten sie – und in höheren Mengen. Also entscheiden Sie sich für goldgelbe Pfirsiche und Nektarinen anstatt für weiße und nehmen Sie wenn möglich Herzkirschen und die Pflaumen mit der kräftigsten Farbe.

Pflaumen

Von Gelb und Rot bis zu Blau und Grün, Pflaumen gibt es in beinahe allen Regenbogenfarben, jede mit etwas anderen Antioxidantien. Neue zuckerreiche und säurearme Sorten kommen ohne den herben Nachgeschmack aus, den viele alte Pflaumensorten aufweisen. Gebraten machen sich diese Sommerfrüchte übrigens besonders gut.

Pluots

Apriums, Plumcots und Pluots – dabei handelt es sich um leicht unterschiedliche Kreuzungen zwischen Pflaume und Aprikose, die ähnliche positive Eigenschaften aufweisen wie die ursprünglichen Fürchte. Pluots sind vielleicht die Sorte, die am bekanntesten und am einfachsten zu finden ist, und sie liefern viel Vitamin A, Vitamin C, Kalium und Ballaststoffe. Ihr süß-saures Aroma ist ein einzigartiges Geschmackserlebnis.

Nektarinen

Nektarinen und Pfirsiche sind botanisch so eng verwandt, dass Nektarinen manchmal auf Pfirsichbäumen wachsen. Wenn Nektarinen einen grünen Farbton aufweisen, lassen Sie die Früchte in der Obstschüssel nachreifen. Sie sind reif, wenn die Schale bei Druck leicht nachgibt.

Kirschen

Je dunkler Kirschen sind, desto mehr Antioxidantien beinhalten sie. Sauerkirschen, auch Weichseln genannt, enthalten Stoffe, die bei Gelenksentzündungen helfen. Egal ob frisch, gefroren, getrocknet oder als Saft, Kirschen sind eine Bereicherung für pikante und süße Speisen.

Pfirsiche

Die besten Pfirsiche sind regional, am Baum gereift und direkt vom Ast gegessen. Sie liefern Vitamin A und C und enthalten wertvolle Antioxidantien, die Krebs vorbeugen, Ballaststoffe, um das Verdauungssystem zu schützen, und Kalium für die Blutdruckregulierung. Lagern Sie Pfirsiche bei Raumtemperatur, bis sie nachgereift sind, und essen Sie sie dann sofort. Wie Tomaten werden sie matschig, wenn man sie im Kühlschrank aufbewahrt.

Aprikosen

Aprikosen sollte man roh essen, da sie beim Kochen oder Dörren wertvolle Nährstoffe verlieren. Unreife Früchte werden weicher und süßer, wenn man sie bei Raumtemperatur lagert, auch ihr Carotinoid-Gehalt steigt dann. Zumeist kommen Aprikosen eher aus dem Mittelmeerraum, aber im Sommer kann man auch einheimische Früchte ergattern.

Tropische Früchte

Mit diesen Früchten integriert man nicht nur auf verführerische Weise Ballaststoffe in die Ernährung, sondern auch Enzyme, die eine entzündungshemmende Wirkung haben. Damit sich die tropischen Aromen voll entfalten können, lagern Sie die Früchte offen in der Küche, außer, wenn sie bereits geschnitten sind.

Bananen

Bananan sind so reich an Kalium, dass sich der Verzehr von nur einer Frucht schon positiv auf den Blutdruck auswirkt. Sie enthalten eine probiotische Verbindung, die außerdem gut für die Darmflora ist. Legen Sie Bananenscheiben auf ein Erdnussbutterbot, tauchen Sie sie in geschmolzene dunkle Schokolade oder verfeinern Sie damit einen warmen Getreidebrei. Für cremige, laktosefreie Smoothies geben Sie einfach eine Banane hinzu.

Mangos

Mangos liefern viele Carotinoide und Ballaststoffe. Eine ausgereifte Mango riecht intensiv und ist saftig. Beim Einkauf achten Sie auf das Tastgefühl – nicht die Farbe –, da manche Sorten im reifen Zustand grün sind. Verwenden Sie reife Mangos in pikanten Gerichten, eine unreife Frucht eignet sich gut für Chutneys. Frische oder gefrorene Mangos passen perfekt in Frühstücks-Smoothies.

Kokosnüsse

Kokosnüsse und ihre Milch sind reich an gesättigten Fetten, aber einige Experten halten sie trotzdem für gesund, weil sie das Immunsystem unterstützen. Kokosnüsse enthalten auch viele Ballaststoffe und Kalium , also verwenden Sie Kokosrapseln in Müslis und beim Backen. Kokosmilch passt hervorragend zu asiatischen Speisen.

Kiwis

Eine Kiwi enthält mehr Vitamin C als eine Orange, mehr Kalium als eine Banane und so viele Ballaststoffe wie eine Schüssel Haferbrei. Harte Kiwis sind unreif und sehr sauer. Bei Raumtemperatur gelagert, bis sie etwas weicher sind, werden sie angenehm mild schmecken. Pürierte Kiwis ergeben eine herbe Sauce, die gut zu gegrilltem Heilbutt oder Lachs passt.

Papayas

Ein Spritzer Limettensaft auf reife Papaya-Schnitze verstärkt das exotische Aroma. Es wird angenommen, dass ein in den Papayas enthaltendes Enzym das Risiko, an Gelenksrheumatismus und Krebs zu erkranken, senkt. Die Kerne der Papaya sehen aus wie kleine, schwarze Perlen. Für eine pfeffrige Note können Sie einen Salat damit bestreuen.

Ananas

Ananas enthalten ein Enzym, das entzündungshemmend und verdauungsfördernd wirkt. Ananas werden nach dem Pflücken nicht mehr reifer, also achten Sie beim Einkauf auf den Reifegrad: Eine reife Ananas wird sich schwer anfühlen und duften. (Der Trick, ein Blatt herauszuziehen, funktioniert nicht!) Verwenden Sie die vielfältige Frucht in Saucen bei lateinamerikanischen Fischgerichten oder als Zutat für einen leckeren Smoothie.

WACHTELBOHNEN
Das gesprenkelte Muster der cremefarbenen Bohnen verschwindet beim Kochen und es entsteht ein einheitlicher rosiger Farbton. Sie sind die ideale Wahl, wenn es um Bohnenmus geht, egal ob als Burrito-Füllung oder Dip für zwischendurch. Am besten püriert man die ballaststoffreichen Hülsenfrüchte dafür mit Cumin, Oregano und angebratenem Knoblauch.

LINSEN
Ohne Einweichen garen die eiweißreichen Linsen in 20 bis 40 Minuten. Verwenden Sie flache, grüne Linsen für Suppen oder Salate. Geschälte rote und gelbe Linsen sind ideal für Suppen und indischen Dal. Schwarze Beluga- und grüne Puy-Linsen bleiben bissfest, eignen sich also gut für Salate.

Hülsenfrüchte

Bei einer pflanzenbasierten Ernährung sind getrocknete Bohnen, Linsen und frische oder gefrorene Erbsen wichtige Eiweißquellen und sie sind auch reich an Ballaststoffen. Bei Dosenbohnen achten Sie auf den Salzgehalt. Das Abspülen unter fließendem Wasser spült viel Salz weg, aber noch besser und abwechslungsreicher sind getrocknete Bohnen.

WEISSE & ROTE BOHNEN
Egal ob die Bohnen dunkelrot oder weiß sind, der einzigartige Kontrast zwischen ihrer festen Haut und dem weichen Inneren passt ideal zu Salaten und Suppen. Weiße Bohnen, die man mit Kräutern und Olivenöl zerdrückt, ergeben einen tollen Brotaufstrich. Diese Bohnen liefern viel Molybdän, ein Spurenelement, das die Enzyme im Körper aktiviert.

(Mark-)Erbsen

Die (Mark-)Erbse, auch Gartenerbse genannt, schmeckt frisch gepflückt zuckersüß. Sie wird jedoch schnell mehlig, also wird sie am besten direkt aus dem eigenen Garten genossen. Verwenden Sie ansonsten gefrorene Erbsen, die immer reif geerntet werden. Erbsen sind reich an Kalzium und an einem Carotinoid, das besonders gut für die Augen ist.

Schwarze Bohnen

Schwarze Bohnen sind ungewöhnlich vielfältig. Sie passen nicht nur gut in ein vegetarisches Chili, ihre feste, aber doch cremige Konsistenz ist auch ideal für Salate und Saucen. Das dunkle, intensive Schwarz bedeutet, dass sie voller wichtiger antioxidantischer sekundärer Pflanzenstoffe sind.

Kichererbsen

Die Kichererbse, auch Feldbohne genannt, ist eine Multi-Kulti-Bohne und schmeckt ausgezeichnet in orientalischen Salaten und als Hummus, in italienischen Suppen und spanischen Eintöpfen. Sie sind ein toller Lieferant für Kalzium, Magnesium, Kalium und das seltene Selen.

Zuckerschoten

Zuckerschoten machen sich nicht nur aufgrund ihrer Farbe und ihrer knackigen Konsistenz gut in Gemüsepfannen, sie liefern auch gutes Eiweiß. Wählen Sie Schoten mit frisch aussehenden Blättern. Sie sollten auch knacken, wenn sie in der Mitte durchgebrochen werden. Damit die Schoten nicht zerkochen, fügen Sie sie erst kurz vor dem Servieren hinzu. Beim Blanchieren tauchen Sie die Schoten nur kurz ins kochende Wasser.

Knackerbsen

Dabei handelt es sich um eine relativ neue Sorte, die erst 1976 vorgestellt wurde. Frische Knackerbsen glänzen und knacken beim Öffnen. Etwa 100 g enthalten 5 g Ballaststoffe, mehr als eine Schüssel Haferflocken.

Vollkorn

Studien zufolge nehmen viele Menschen zu wenige Ballaststoffe zu sich. Mit einer täglichen – und köstlichen – Vollkornration kann man das leicht ändern. Da Vollkorn viel Eiweiß enthält und gut sättigt, ist es ein wichtiger Bestandteil gesunder Ernährung. Bei Bio-Produkten können Sie sicher sein, dass nichts gentechnisch verändert wurde.

Quinoa

Die glatte und leicht nussig schmeckende Quinoa ist in nur 20 Minuten Kochzeit gar. Mit dem hohen Eiweißanteil eignen sich die südamerikanischen Samen besonders für warme Frühstücksflocken, herzhafte Pilaws und sättigende Salate. Ersetzt man Bulgur durch rote Quinoa erhält man ein tolles glutenfreies Taboulé.

Gerste

Gerste wird oft geschält und poliert, um die meiste Kleie zu entfernen. Dann wird sie als Graupen oder Rollgerste bezeichnet. Gerste ist reich an cholesterinsenkenden löslichen Ballaststoffen. Bereiten Sie Gerste wie Haferflocken zum Frühstück zu oder verwandeln Sie sie als Risotto in ein gesundes Abendessen.

Dinkel

Der nussige, beinahe süß schmeckende Dinkel ist eine alte, ungekreuzte Weizensorte. In Italien kocht man ihn als ganzes Korn – wie Reis und Gerste – oder verwendet Dinkelmehl für köstliche Vollkornnudeln. Auch als Salat eignet sich Dinkel sehr gut.

Bulgur

In der nahöstlichen Küche wird Bulgur – ganze Weizenkörner, die vorgekocht, getrocknet und dann auseinandergebrochen wurden – für Taboulé verwendet. Sein intensiver Geschmack macht sich auch gut als Beilage, beispielsweise in Pilaws. Bulgur ist sehr ballaststoffreich, mit über 8 g in 115 g Bulgur.

Vollkornmehl

Mit Kleie und Keimling gemahlen schmeckt Vollkornmehl intensiver als weißes und Backwaren werden damit manchmal schwerer. Eine Mischung aus weißem und Vollkornmehl erzielt leichtere Backergebnisse und mildert den Geschmack ab. Bei Pasta können Sie Vollkorngrieß verwenden.

Polenta

Um als Vollkorn zu gelten, müssen Maismehl und Polenta in einer Steinmühle gemahlen werden. Nur wenn sie aus gelbem Mais gemacht werden, enthalten sie die goldenen Carotinoide, die Augen und Herz schützen. Mit Milch zubereitet wird Polenta zu einem köstlichen Frühstücksbrei.

Naturreis

Naturreis ist eine fast glutenfreie Alternative bei gesunder Ernährung. Brauner Jasmin- und Basmatireis schmecken genau so wie die weiße Variante. Nussiger brauner Langkornreis ist gehaltvoller. Brauner Mittelkornreis hat eine schöne, bissfeste Konsistenz.

Hafer

Essen Sie am Morgen Haferflocken, dabei ist es egal, ob Sie zu kernigen oder zarten Flocken greifen – beide enthalten die gleiche Menge an löslichen und unlöslichen Ballaststoffe. Vermeiden Sie allerdings Schmelzflocken (Instant-Flocken), da diese kaum Ballaststoffe enthalten und auch fade schmecken.

Zubereitung

Damit Sie Vollkorn besser in Ihre Ernährung integrieren können, hier sechs Zubereitungsarten:

Grundrezept Quinoa

1 Teil Quinoa in einem feinmaschigen Sieb mit kaltem Wasser abspülen und abtropfen lassen. Den Vorgang drei Mal wiederholen, dann in einen Topf geben. 2 Teile Wasser und eine Prise Salz hinzufügen. Zugedeckt etwa 15 Minuten köcheln lassen, bis das Wasser aufgesogen ist. Vom Herd nehmen und noch mindestens 5 Minuten quellen lassen.

Grundrezept Gerste

4 Teile Wasser in einem Topf zum Kochen bringen. 1 Teil Rollgerste und eine Prise Salz hinzufügen und köcheln lassen, bis die Körner gar sind. Abtropfen lassen.

Grundrezept Dinkel

1 Teil gewaschenen schnellkochenden Dinkel mit 2 Teilen Wasser und einer Prise Salz in einen Topf geben. Zum Kochen bringen, dann zudecken und etwa 25 Minuten köcheln lassen, bis die Körner gar sind und das Wasser aufgenommen haben.

Grundrezept Bulgur

1 Teil mittelkörnigen Bulgur und 2 Teile Wasser in einen Topf geben. Aufkochen lassen, dann zudecken und 10–12 Minuten köcheln lassen, bis die Körner gar sind.

Grundrezept weiche Polenta

5 Teile Brühe oder Wasser mit einer großen Prise Salz in einem Topf zum Kochen bringen. Langsam 1 Teil grob gemahlene Polenta einrühren. 20–45 Minuten unter Rühren köcheln lassen, bis sich die Polenta vom Topfrand löst.

Grundrezept Naturreis

1 Teil Reis und 2 Teile Wasser mit einer Prise Salz in einen Topf geben, aufkochen lassen. Dann zudecken und 45–60 Minuten köcheln lassen, bis der Reis zart ist und das Wasser aufgenommen hat.

Mageres Eiweiß

Eiweiß ist wichtig für den Aufbau und die Erhaltung von Muskeln sowie für die Reparatur geschädigter DNA. Sie sollten also neben magerem Fleisch auch mindestens zwei Mal pro Woche besonders Omega-3-haltigen Fisch oder Meeresfrüchte essen. Beim Grillen egal welcher Eiweißquelle marinieren Sie sie vorab. Dadurch können keine giftigen Substanzen entstehen und die Marinade verleiht Geschmack und Saftigkeit.

Geflügel

Das weiße Hähnchenfleisch ist vielseitiger, aber Putenbrust hat mehr Geschmack. Truthahn/Pute ist auch etwas magerer und hat weniger gesättigte Fette als Hähnchen. Als robusterer Vogel wird der Truthahn oft ohne Hormone und mit weniger Antibiotika großgezogen. Sowohl Hähchen als auch Truthahn/Pute liefern viel Tryptophan, jene Aminosäure, die gegen schlechte Laune und beim Einschlafen hilft.

Schwein

Nur Putenbrust ist magerer als Schweinefilet. Damit dieses zarte Fleisch nicht austrocknet, braten Sie es im Ganzen im Backofen oder als Medaillons in der Pfanne und servieren Sie diese mit einer Sauce. Bei Massentierhaltung sind Antibiotika, die schlechten Lebensumstände der Tiere und Umweltverschmutzung bedenklich. Durch biologische oder regionale und artgerecht Produkte können Sie dem entgehen.

Rind

In Maßen mageres Rindfleisch zu essen versorgt Sie mit dem nötigen Vitamin B_{12}, Zink und Eisen. Das Fleisch von Weiderindern enthält außerdem Omega 3 und ist magerer als das von Rindern aus konventioneller Haltung. Außerdem werden Weiderinder artgerecht und ohne Antibiotika-Behandlung gehalten. Kombinieren Sie Rindfleisch mit viel Gemüse für eine gesunde Mahlzeit.

Lachs

Wildlachs ist das Nahrungsmittel mit den meisten Omega-3-Fetten. Frischer Wildlachs ist nachhaltig, aber manchmal teuer, also ziehen Sie Dosen in Betracht (meistens Wildlachs aus Alaska). Ersetzen Sie doch einmal Bulgur durch haut- und grätenfreien Dosenlachs in einem Taboulé. Weil Lachs so gesund ist, empfehlen Experten bei einem kleinen Geldbeutel auch Lachse aus Fischfarmen.

Garnelen

Auch durch den Verzehr von Garnelen sichern Sie sich wichtiges Omega 3. Auch wenn die Garnelen frisch aussehen, wurden sie zuvor meist eingefroren und mit Sulfiten behandelt. Um dieses Konservierungsmittel zu vermeiden, fragen Sie Ihren Fischhändler und lesen Sie die Zutatenliste. Achten Sie außerdem auf die Herkunft der Garnelen, am nachhaltigsten sind Garnelen aus zertifizierten Aquakultur-Farmen.

Weisser Fisch

Dorsch, Heilbutt und Seeteufel haben zumindest einige Omega-3-Fette und sind laut Seafood Watch (Montery Bay Aquarium) die beste Wahl in Bezug auf Nachhaltigkeit. Ihr milder Geschmack und ihre Anpassungsfähigkeit geben Anreiz, mehrmals pro Woche Fisch zu essen. Kleine Sardellen gelten ebenfalls als nachhaltig und enthalten nicht nur Omega-3-Fettsäuren, sondern auch ein bisschen Kalzium.

Milchprodukte

Eier, Milch, Joghurt und Käse sind preisgünstige Eiweiß-Lieferanten, am besten fällt die Wahl auf Milchprodukte mit geringem Anteil an gesättigten Fetten. Durch Milchprodukte erhalten Sie am einfachsten das Kalzium, das Sie benötigen. Kleine Mengen von stark aromatischem Käse in Getreide- und Bohnengerichten ergänzen deren Eiweiß und führen zu einem besonderen Geschmackserlebnis.

Eier

Ein ganzes Ei enthält 7 Gramm hochwertiges Eiweiß. Das Eiweiß enthält die Hälfte des Proteins, während der Rest gemeinsam mit Cholin, einer Substanz, die die Gehirntätigkeit anregt, im Eigelb ist. Die Farbe des Eigelbs kommt von den Carotinoiden, die gut für die Augen sind. In Bio-Eiern gibt es keine Antibiotika oder Hormone. Mit Eiern von Freilandhennen unterstützen Sie artgerechte Haltung.

Milch

250 ml Milch liefern etwa ein Drittel des täglichen Kalziumbedarfs eines Erwachsenen, sowie Vitamin D und K und Magnesium, die dem Körper dabei helfen, es zu verarbeiten. Der Genuss von fettarmer (etwa 1,5 %) und entrahmter (0,5 %) Milch spart Kalorien und reduziert die gesättigten Fette deutlich.

Joghurt

Damit der Darm glücklich und gesund bleibt, müssen die Kulturen im Joghurt leben und aktiv sein. Überprüfen Sie das Etikett dementsprechend. Trinken Sie Joghurt auch im Smoothie, vermengen Sie ihn mit Gurke und Minze zu einem erfrischenden Dip oder fügen Sie mit dickem griechischen Joghurt eine extra Portion Eiweiß zu Suppen und fruchtigen Desserts.

Buttermilch

Buttermilch entsteht, wenn man fettarme oder entrahmte Milch mit guten Bakterien versetzt. Die Enzyme, die diese Bakterien erzeugen, mildern saure Marinaden gut ab. Buttermilch mit ihrer säuerlichen Note ist eine leichte Alternative für Pfannkuchen, Waffeln und süße Backwaren. Verwenden Sie sie auch für Kartoffelbrei und fettarme, cremige Salatdressings.

Parmesan

Käsemacher halten echten italienischen Parmigiano Reggiano für die Königin des Käses. Aus teilentrahmter Milch von Weiderindern hergestellt, ist Parmesan im Vergleich zu anderen Käsesorten besonders gut verdaulich. Grana Padano ist eine preiswertere Alternative. Die essbare Rinde verleiht, in einer Minestrone mitgekocht, einen vollmundigen Geschmack.

Pecorino

Dieser Schafskäse schmeckt am besten, wenn er aus Rom oder aus Sardinien kommt. Sein scharfer, salziger Geschmack passt perfekt zu Pasta und Lasagne. Geben Sie etwas geriebenen Pecorino zu Hackbällchen oder knabbern Sie kleine Stückchen zu einer reifen Birne.

Feta

Feta ist Schaf- und/oder Ziegenmilchkäse, der in einer Salzlake gereift ist, aber es gibt auch Imitationen aus Kuhmilch. Fetastücke sollten in Salzlake verkauft und gelagert werden. Feta-Streukäse kann trocken verkauft werden. Halten Sie im Supermarkt nach fettreduziertem Feta Ausschau. Ein paar Feta-Krümel über einen Salat oder in einen Geflügelburger gestreut verleihen eine würzige Note.

Pistazien

Pistazien erhalten ihre grüne Farbe durch Chlorophyll, das manchen Krebsarten vorbeugt und Entzündungen hemmt. Für zwischendurch entspricht eine Portion ungeschälter Nüsse (etwa 30 Gramm) 49 Pistazienkernen. Suchen Sie in Bio-Läden nach ungeschälten Pistazien.

Cashewkerne

Cashewkerne haben etwas weniger Kalorien als andere Nüsse. Sie enthalten aber eine gute Portion gesättigter Fette, also ist es besser, sie als Knusperfaktor in Rezepte zu integrieren, anstatt sie ständig nebenbei zu knabbern. Geben Sie rohe Cashewkerne mit Wasser in den Mixer, seihen Sie die Mischung ab und genießen Sie die reichhaltige glutenfreie Milch.

Sesamsamen

Die kalziumreichen Sesamsamen enthalten außerdem eine Substanz, die die Cholesterinwerte in Leber und Blut senkt. Für den vollen Geschmack rösten Sie Sesamsamen unter ständigem Rühren in einer trockenen Pfanne, bis sie duften. Asiatische geröstete Sesamöle ergänzen asiatische Gerichte um ein intensives, nussiges Aroma und Nährstoffe.

Nüsse & Samen

Die einfach ungesättigten Fette in Nüssen und Samen sind gut für Ihr Gehirn und Ihr Herz, außerdem machen sie satt. Um die Kalorienzufuhr beim Knabbern nicht aus den Augen zu verlieren, hilft es, vorher die Portionsgröße festzulegen.

Walnusskerne

Walnüsse sind ein guter Omega-3-Lieferant. Träufeln Sie geröstetes Walnussöl über gedämpftes Gemüse, dadurch steigern Sie nicht nur den Geschmack, sondern auch die gesundheitliche Wirkung. Oder verarbeiten Sie Walnüsse mit Walsnussöl und einer Prise Salz zu einer köstlichen Nussbutter.

Pinienkerne

Dieser eiweißreiche, reiskornförmige Samen wächst auf der Pinie, die zur Gattung der Kiefer gehört. Mediterrane Pinienkerne schmecken oft süßer und sind weicher als Pinienkerne aus China. Verwenden Sie Pinienkerne nicht nur in Pestos, sondern auch in Blatt- oder Getreidesalat für zusätzliche Ballaststoffe und gesunde ungesättigte Fettsäuren.

Kürbiskerne

Die leicht bitteren Kürbiskerne passen gut mit anderen Nüssen in ein Müsli oder zu Studentenfutter. Streuen Sie sie auch auf Muffins oder Teegebäck. Eine Portion (etwa 30 g) enthält 8 g Eiweiß. Kürbiskerne enthalten einen Nährstoff, der hilft, einer vergrößerten Prostata vorzubeugen oder sie unter Kontrolle zu bringen.

Mandeln

Im Vergleich zu anderen Nüssen enthalten Mandeln den größten Anteil an einfach ungesättigten Fetten und Ballaststoffen. 45 g Mandeln enthalten mehr Proteine als ein Ei. Da in der Schale viele Nährstoffe enthalten sind, wählen Sie wenn möglich ungeschälte Mandeln. Mandelmilch ist eine gute Alternative für laktosefreies Kochen.

Gute Fette & Süßstoffe

Ja, Fette haben viele Kalorien. Aber manche enthalten entzündungshemmende Fettsäuren, die unser Körper selbst nicht erzeugen kann, die aber essenziell für unser Wohlbefinden sind. Setzen Sie Fette also mit Köpfchen ein. Süßstoffe sind ein Luxus, den wir uns hin und wieder gönnen sollten. Natürliche Alternativen weisen bessere Nährwerte als Zucker auf und lassen den Zuckerspiegel im Blut nicht so schnell ansteigen. Aber auch hier gilt: mit Maß und Ziel.

Traubenkernöl

Es ist nicht nur reich an einer essenziellen Fettsäure, die der Körper nicht selbst herstellen kann, Traubenkernöl hat auch einen hohen Rauchpunkt, wodurch es gut zum Braten und Backen geeignet ist. Köche verwenden das neutral schmeckende Öl nicht nur beim Kochen, sondern auch für Salatdressings.

Olivenöl

Antioxidantien im nativen Olivenöl extra helfen, die guten Cholesterinwerte anzuheben und die schlechten zu senken. Je pfeffriger das Öl schmeckt, desto mehr dieser Polyphenole enthält es. natives Olivenöl extra nutzt man am besten für Salatdressings und für das Beträufeln von Speisen. Hitze zerstört seine Antioxidantien, also braten Sie höchstens kurz damit. Raffiniertes Olivenöl hat einen höheren Rauchpunkt und ist damit besser zum Braten geeignet.

Rapsöl

Durch den milden Geschmack und den hohen Omega-3- und Omega-6-Anteil ist Rapsöl ideal zum Braten und Backen und für Salatdressings geeignet. Am gesündesten ist kaltgepresstes Rapsöl. Raffiniertes Rapsöl hingegen eignet sich besser zum Kochen bei sehr hohen Temperaturen.

Honig

Honig ist um 35 Prozent süßer als Zucker, also passen Sie die Menge beim Backen und Kochen entsprechend an. Je dunkler der Honig, desto intensiver schmeckt er. Der eher neutrale Geschmack von Wildblütenhonig ist ideal für viele Gerichte. Honig wird wegen seiner Enzyme und Phytamine empfohlen.

Agavendicksaft

Dieser dickflüssige Süßstoff wird aus einer Pflanze gewonnen, die mit der Aloe verwandt ist, hat einen niedrigen Glykämischen Index und ist 25-mal süßer als Zucker, also reicht oft eine kleine Menge. Heller, goldener Dicksaft schmeckt neutral-süß. Karamellfarbener dunkler Dicksaft schmeckt warm und lieblich. Beide machen sich gut in Desserts, Drinks und Saucen.

Ahornsirup

Ahornsirup enthält Kalzium, Kalium, Zink und andere Mineralstoffe. Der milde Geschmack eines Sirups der Qualität AA passt gut zu Äpfeln, Erdbeeren und anderen Früchten. Ahornsirup der Qualität B schmeckt kräftig, beinahe rauchig. Verwenden Sie diese kostengünstigere Variante für warme Frühstücksflocken, beim Backen und zum Glasieren von Süßkartoffeln. Eine dunkle Karamellsauce aus Ahornsirup ist eine besondere Delikatesse.

Kräuterkunde

Für gewöhnlich werden nur die Blätter von frischen Kräutern zum Kochen verwendet. Hier ein kleiner Leitfaden für die Vorbereitung:

Grossblättrige Kräuter

Frische Kräuter mit langen oder breiten Blättern, wie Basilikum, Salbei und Minze, können für Rezepte geschnitten oder gehackt werden. Ziehen Sie die Blätter einzeln mit den Fingern ab. Legen Sie fünf oder sechs Blätter aufeinander, dann rollen Sie den Stapel der Länge nach zu einer festen Rolle. Schneiden Sie die Blätter mit einem scharfen Küchenmesser quer in schmale Streifen. Um die Kräuter zu hacken, legen Sie die Streifen aufeinander und wiegen Sie das Messer hin und her, um die Kräuter fein zu zerkleinern.

Kleinblättrige Kräuter

Bei Kräutern wie Petersilie oder Estragon ziehen Sie alle Blätter auf einmal vom Stängel. Häufen Sie die Blätter auf einem Schneidebrett und hacken Sie die Kräuter grob. Wenn Sie lieber fein gehackte Kräuter haben, wiederholen Sie den Vorgang öfter.

Holzige Kräuter

Entfernen Sie die blütenblattähnlichen Blätter von Thymian oder Oregano, indem Sie mit Ihrem Daumen und Ihrem Zeigefinger gleichzeitig den Zweig entlangfahren. Hacken Sie die Kräuter wie oben (kleinblättrige Kräuter) beschrieben.

Allgemeine Tipps

- Wählen Sie einen Bund mit hellgrünen, duftenden Blättern.
- Vermeiden Sie einen Bund mit verwelkten oder verfärbten Blättern bzw. zupfen Sie diese von den Kräutern aus Ihrem Garten.
- Waschen Sie Kräuter erst, bevor Sie sie verwenden, und tupfen Sie sie vorsichtig mit Küchenpapier trocken.

Basilikum

Sowohl das süßlich-intensive europäische Basilikum als auch das etwas schärfere Thai-Basilikum mit seinen komplexen Zitrus-, Anis- und Minzenoten sind stark antimikrobiell und entzündungshemmend. Weil sich die ätherischen Verbindungen, die diese Wirkung haben, leicht verflüchtigen, fügen Sie das Basilikum erst am Ende des Kochvorgangs hinzu, damit sich der Geschmack voll entfalten kann.

Minze

Die süße, milde Grüne Minze beruhigt, während die bittere, scharfe Pfefferminze anregend wirkt. Beide schützen gegen Bakterien, die mit Geschwüren in Verbindung stehen.

Koriander

Beheimatet in der Küche Mexikos, des Nahen Ostens und Südasiens ist Koriander reich an Antioxidantien und Antimikrobiotika, die gegen Salmonellen schützen können. Streuen Sie Koriander über Orangenspalten und zarte Karotten. Hitze mindert seinen Geschmack, also fügen Sie ihn erst hinzu, wenn die Gerichte, wie Chili con carne, fast fertig sind.

Frische Kräuter

Dieselben sekundären Pflanzenstoffe, die den Kräutern den so typischen Duft und Geschmack verleihen, sind auch für die gesundheitlichen Vorteile verantwortlich. Getrocknete Kräuter verlieren schnell ihren Duft, ihren Geruch und ihre Nährstoffe, also nutzen Sie so oft wie möglich frische Kräuter und schöpfen Sie aus der Vielfalt.

Oregano

Dieses mediterrane Grundnahrungsmittel verleiht der italienischen Tomatensauce und dem griechischen Salat den vertrauten Geschmack und enthält mehr Antioxidantien als alle anderen Kräuter. Wenn frische Blätter zäh sind, probieren Sie getrocknete. Verwenden Sie sowohl den scharfen griechischen Oregano als auch den leicht minzigen mexikanischen.

Petersilie

Glatte Petersilie schmeckt besser als krause und enthält mehr sekundäre Pflanzenstoffe. Sie ist einer der Hauptbestandteile in Taboulé in und in Grüner Sauce. Sie können sie auch für die lombardische Würzmischung Gremolata verwenden, indem Sie sie mit Knoblauch, Zironenzeste und Kapern hacken und dann über Fisch oder Lamm sprenkeln.

Gewürze

Mit ihrem Duft und ihren lebhaften Farben haben auch Gewürze eine gesundheitsfördernde Wirkung. Um diese voll nutzen zu können, kaufen Sie Gewürze nach Möglichkeit im Ganzen und mahlen Sie sie erst vor Gebrauch. Kaufen Sie Gewürze auch in möglichst kleinen Mengen, da sie im Lauf der Zeit Geschmack, Duft und Nährstoffe verlieren.

Senfkörner

Senfkörner enthalten als Verwandter von Kohl und Brokkoli dieselben krebsvorbeugenden Substanzen wie die ausgewachsenen Pflanzen. Ihre milde Schärfe und der nussige Geschmack bereichern Gemüsegerichte. Braune oder schwarze Körner sind beim Kochen am besten; gelbe eignen sich zum Einlegen.

Cayennepfeffer

Viele Cayennpfeffersorten liegen auf der Scoville-(Schärfe)-Skala bei einem Wert von 35.000–50.000 – das ist scharf, aber nicht zu feurig. Wenn Sie es eher mild mögen: Nur eine winzige Prise Cayennepfeffer kann die Aromen vieler Speisen deutlicher hervorbringen.

Chiliflocken

Dieses feurige Gewürz besteht aus den Samen und der Haut von kleinen getrockneten roten Chilischoten. Wie frische Chilis enthalten Chiliflocken Capsaicin, das Endorphine freisetzt und gut für den Stoffwechsel ist. Verwenden Sie nur geringe Mengen, um Schärfe in ein Gericht zu bringen.

Kurkuma

Kurkuma enthält einen der stärksten natürlichen Entzündungshemmer. Da sie einen ungewöhnlichen, bitteren Geschmack hat, mischen viele Köche sie mit anderen Gewürzen oder verwenden Currypulver mit Kurkuma. Geben Sie eine Prise Kurkuma zu Tomatensaucen oder einem Linseneintopf und streuen Sie sie über gekochte Karotten.

Ingwer
Dieses wärmende Gewürz ist so gesund, dass die Inder es Allheilmittel nennen. In Asien kocht man mit frischem Ingwer. Wird er auf einer Raspel gerieben, verbindet er sich gut mit den Gerichten. In nordafrikanischen und nahöstlichen Rezepten verwendet man getrockneten Ingwer.

Cumin
Als Samen einer mit Petersilie verwandten Pflanze hat Cumin einen scharfen, muskatähnlichen Geschmack und wird in der indischen, nordafrikanischen und lateinamerikanischen Küche verwendet. Studien zufolge enthält Cumin viel Eisen, kann das Immunsystem stärken und die Verdauung anregen.

Zimt
Der meiste Zimt heutzutage ist eigentlich Kassia, die Rinde eines Baumes, der in Vietnam und China wächst, und nicht echter Zimt aus Ceylon. Sein unverwechselbarer Geschmack und Duft passen zu süßen und herzhaften Gerichten. Zimt hilft dabei, den Blutzuckerspiegel zu regulieren, also nutzen Sie beide Sorten reichlich.

Paprikapulver
Spanisches Paprikapulver, Pimentón genannt, ist dunkler und schmeckt schärfer als das aus Ungarn. Beide gibt es in süßen und scharfen Varianten, doch Pimentón hat zusätzlich ein rauchiges Aroma, das besonders gut zu Gemüse passt.

Gewürz-Grundlagen

Gewürze sind leicht zu handhaben, man muss nur wenig tun, damit sie Geschmack und Aroma behalten. Damit die Frische und die optimalen Nährwerte gewährleistet sind, beziehen Sie von einem qualitativ hochwertigen Anbieter mit hohem Absatz.

Gewürze rösten
Um noch mehr Geschmack herauszukitzeln, geben Sie ganze Gewürze (wie Senf- und Kreuzkümmelsamen oder Zimtstangen) bei mittlerer Hitze in eine trockene Bratpfanne. Rühren Sie ständig, bis die Gewürze duften und eine oder zwei Nuancen dunkler sind, etwa 30 Sekunden bis 1 Minute. Geben Sie die Gewürze von der Pfanne auf einen Teller und lassen Sie sie etwa 10 Minuten abkühlen, bevor Sie sie mahlen.

Gewürze mahlen
Um kleine Gewürzmengen zu mahlen, verwenden Sie Mörser und Stößel. Bei größeren Mengen verwenden Sie eine kleine elektrische Kaffeemühle, die Sie ausschließlich dafür benutzen. Mahlen Sie immer nur so viel, wie Sie für ein Rezept benötigen.

Mit Gewürzen kochen
Bei vielen Rezepten soll man gemahlene Gewürze in etwas Öl erhitzen, um ihren Geschmack zu intensivieren, bevor man sie dem Gericht hinzufügt. Dies hilft auch dabei, dass sich die Gewürze schneller mit den anderen Zutaten verbinden.

Gewürze lagern
Bewahren Sie Gewürze in fest verschlossenen Behältern an einem kühlen, dunklen Ort auf, der nicht direkt neben dem Herd liegt. Bei größeren Mengen bieten sich Gewürzdosen aus Glas für die Lagerung an. Gewürze im Ganzen halten etwa ein Jahr, gemahlene Gewürze etwa sechs Monate.

Obst- & Gemüse-Cocktails

Frischer Saft ist gut für die Gesundheit und das Wohlbefinden, er enthält Vitamine, Mineralstoffe und sekundäre Pflanzenstoffe, die der Körper leicht aufnehmen kann. Mit einem Entsafter oder einem Hochleistungsmixer werden rohes Obst und Gemüse leichter verdaulich. Wenn Sie Obst- oder Gemüsesäfte trinken, sorgen Sie für Flüssigkeitszufuhr und erhalten einen Energieschub, der den ganzen Tag anhält. Probieren Sie diese zehn Rezepte aus oder versuchen Sie sich an einer Eigenkreation.

Granatapfel-Blaubeere

Ist voller Antioxidantien, die dabei helfen können, Krebs vorzubeugen.

185 g Granatapfelkerne
250 g Blaubeeren
Agavendicksaft (je nach Geschmack)

Mit einem Entsafter Saft aus den Granatapfelkernen und den Blaubeeren gewinnen. Nach Bedarf mit Agavendicksaft nachsüßen.

Ergibt etwa 250 ml

Tomaten, Sellerie, Gurke & Karotte

Senkt das Krebsrisiko und ist gut für Ihren Teint.

10 Tomaten
2 Selleriestangen
2 Minigurken
2 Karotten
Saft von 1 unbehandelten Zitrone

Tomaten entkernen und vierteln. Selleriestangen und Gurken würfeln. Karotten in Scheiben schneiden. Das Gemüse und den Zitronensaft in einen Mixer geben und pürieren.

Ergibt etwa 1 l

Orange, Sellerie & Karotten

Senkt den Cholesterinspiegel und hilft bei der Krebsvorbeugung.

4 Navelorangen
4 Selleriestangen
8 Karotten

Orangen schälen und vierteln. Mit einem Entsafter zuerst aus den Orangen, dann aus dem Sellerie und den Karotten Saft gewinnen.

Ergibt etwa 560 ml

Birne, Apfel & Blattgemüse

Hilft beim Knochenaufbau und stärkt das Immunsystem.

1 Birne
1 Apfel
125 g Mangold
60 g frischer Spinat
20 g glatte Petersilie, gehackt

Apfel und Birne halbieren und entkernen, in Stücke schneiden. Stiele und dicke Adern vom Mangold lösen und grob hacken. Birne, Apfel, Mangoldblätter und -stiele, Spinat und Petersilie in einem Mixer pürieren. Nach Geschmack mit Wasser verdünnen.

Ergibt etwa 1 l

Bete-Orange

Entgiftet und stärkt das Immunsystem.

4 Navelorangen

3 Knollen Rote Bete

Orangen schälen und vierteln. Bete gründlich waschen, Strünke und wurzeln abschneiden und vierteln. Mit einem Entsafter Orangen und Bete entsaften.

Ergibt etwa 625 ml

Wassermelone-Limette

Versorgt mit Vitaminen und Feuchtigkeit.

1 kernlose Wassermelone (etwa 1 kg)

2 Limetten

2 TL Honig

Wassermelone schälen und in kleine Stücke schneiden. Limetten schälen und vierteln. Wassermelone, Limetten und Honig in einem Mixer pürieren. Falls gewünscht mit Wasser verdünnen.

Ergibt etwa 1 l

Honigmelone-Kiwi

Stärkt das Immunsystem und versorgt den Körper mit Elektrolyten.

½ Honigmelone

4 Kiwis

1 Limette

½ TL Agavendicksaft,
oder mehr nach Bedarf

Melone schälen, entkernen und in Stücke schneiden. Kiwis schälen und vierteln. Limette schälen, vierteln und entkernen. Melone, Kiwis, Limette und Agavendicksaft in einem Mixer pürieren. Falls gewünscht mit Wasser verdünnen. Je nach Geschmack für mehr Süße noch etwas Agavendicksaft hinzufügen.

Ergibt etwa1,35 l

Mango-Limette

Versorgt mit guten Enzymen, die eine entzündungshemmende Wirkung aufweisen.

3 Mangos

1 Limette

Mangos schälen, in große Stücke schneiden und Kern entfernen. Limette schälen, vierteln und entkernen. Mangos, Limetten und 125 ml Wasser in einem Mixer pürieren.

Eribt etwa 375 ml

Tomaten-Paprika-Gurke

Beugt Herzerkrankungen vor und stärkt das Immunsystem.

2 rote Paprikaschoten

1 Tomate

1 Minigurke

½ jalapeño-Schote

1 Spritzer Balsamicoessig

Paprikaschoten halbieren, Kerne und Stiele entfernen und in kleine Stücke schneiden. Tomate vierteln und entkernen. Gurke in Scheiben schneiden. Chilischote fein hacken.

Paprikaschoten, Tomaten, Gurke, Chilischote, Essig und 125 ml Wasser in einem Mixer pürieren.

Ergibt etwa 500 ml

Weizengras-Karotte

Liefert schnell Vitamine, Mineralstoffe und entgiftende Nährstoffe.

1 Packung Weizengras
(etwa 30 g nach dem Schneiden)

4 Karotten

Weizengras an der Wurzel abschneiden. In einem Entsafter Weizengras und Karotten entsaften.

Ergibt etwa 180 ml

Frühstück

Dieser Smoothie könnte nicht einfacher sein: Pürieren Sie einfach fünf Superfoods mit Eiswürfeln in einem Mixer und Sie erhalten ein ausgewogenes Frühstück mit viel Eiweiß, Ballast- und sekundären Pflanzenstoffen. Sie werden vor Energie sprühen, bevor Sie zur Arbeit gehen.

Bananen-Erdbeer-Mandel-Smoothie

Für 2 Personen

1 reife Banane
125 g Erdbeeren
250 ml Cranberry-Saft
250 g fettarmer Naturjoghurt
2 EL naturbelassene Mandeln im Ganzen
125 g Eiswürfel

Banane schälen und in Scheiben schneiden. Erdbeeren entstielen und längs halbieren.

Banane, Erdbeeren, Cranberry-Saft, Joghurt, Mandeln und Eiswürfel in einen Mixer geben. Pürieren, bis der Smoothie schaumig ist und sich alles gut verbunden hat.

In zwei große Gläser füllen und sofort servieren.

Frische Mango, Cranberry-Saft und cremiger Joghurt, mit Eiswürfeln püriert, ergeben einen ungewöhnlichen und erfrischenden Frühstückssaft. Mango ist ein hervoragender Beta-Carotin-Lieferant und sowohl Mangos als auch Cranberrys enthalten Vitamin C.

Mango-Joghurt Smoothie

Für 2 Personen

1 reife Mango
250 ml gesüßter Cranberry-Saft
250 g fettarmer Naturjoghurt
125 g Eiswürfel

Um die Mango zu schneiden, Frucht auf die schmale Seite stellen. Mit einem scharfen Messer etwa 2,5 cm vom Stängel entfernt ansetzen und der Länge der Frucht nach hinunterschneiden, entlang des großen, schmalen Kerns. Auf der anderen Seite wiederholen. Nacheinander in jede Hälfte das Fruchtfleisch in Gitterform mit etwa 1 cm großen Würfeln bis kurz vor die Schale schneiden. Die Schale soll nicht eingeschnitten werden. Gegen die Schale drücken, damit sich die Würfel nach außen wenden, und dann am Ansatz abschneiden. Etwa 185 g davon für den Smoothie verwenden, den Rest für ein anderes Gericht beiseitestellen.

Mango, Cranberry-Saft, Joghurt, und Eiswürfel in einen Mixer geben. Pürieren, bis der Smoothie schaumig ist und sich alles gut verbunden hat.

In zwei große Gläser füllen und sofort servieren.

Man geht davon aus, dass die guten Bakterien in Naturjoghurt das Immunsystem stärken, die Aufnahme von Nährstoffen steigern und gut für die Darmgesundheit sind. Um von all diesen Vorteilen zu profitieren, wählen Sie ungesüßten Joghurt, der laut Etikett lebende und aktive Kulturen aufweist.

Karotten-Ananas-Smoothie

Für 2 Personen

375 g gefrorene Ananas-Stücke
125 ml Karottensaft
250 g fettarmer Naturjoghurt
125 g Eiswürfel

Karottensaft und Ananas in einen Mixer geben. 30–45 Sekunden pürieren. Joghurt und Eiswürfel hinzufügen und noch einmal 20 Sekunden pürieren, bis der Smoothie schaumig ist und sich alle Zutaten gut verbunden haben.

In zwei große Gläser füllen und sofort servieren.

Dieses knusprige, leicht gesüßte Nuss- und Kerne-Müsli ist leicht herzustellen und fett- und zuckerärmer als die Sorten aus dem Supermarkt. Servieren Sie es mit Joghurt und vitaminreichen Blaubeeren, so wird der Start in den Tag perfekt.

Selbstgemachtes Müsli mit Blaubeeren & Joghurt

Für 6 Personen

185 g kernige Haferflocken
45 g rohe Weizenkeime
30 g Walnusskerne, grob gehackt
20 g Sesamsamen
30 g gesüßte Kokosraspeln
40 g geschälte Kürbiskerne
1 Prise Salz
3 EL Honig
2 EL Traubenkern- oder Rapsöl
1 TL gemahlener Zimt
500 g fettarmer griechischer Naturjoghurt
250 g Blaubeeren

Backofen auf 200 °C vorheizen.

Flocken, Weizenkeime, Walnusskerne, Sesamsamen, Kokosraspeln, Kürbiskerne und Salz in eine Schüssel geben und gut vermengen. Die Mischung gleichmäßig auf einem tiefen Backblech ausstreichen. Unter gelegentlichem Wenden etwa 15 Minuten backen, bis die Mischung knusprig und goldbraun ist. Zum Abkühlen auf einen großen Teller geben. (Das abgekühlte Müsli hält in einem luftdichten Behälter bei Raumtemperatur bis zu eine Woche.)

Bei niedriger Temperatur Honig, Öl und Zimt in einem kleinen Topf unter Rühren etwa 2 Minuten kochen, bis die Mischung warm und gut vermengt ist. Die Hälfte der Honig-Mischung über das Müsli gießen und gut umrühren, sodass alles gut bedeckt ist. Gerade so viel von der übrigen Honig-Mischung hinzugeben, dass das Müsli etwas klumpt, aber nicht zu klebrig ist. Überschüssige Honig-Mischung für ein anderes Gericht aufbewahren.

Joghurt auf Müslischalen verteilen. Mit Müsli und Beeren bestreuen und gleich servieren.

Erdbeeren haben es in sich

Die knallrote Farbe der Erdbeeren deutet auf einen Überfluss an Antioxidantien hin, die Krebs vorbeugen und das Kurzzeitgedächtnis unterstützen. Sie sind auch reich an Vitamin C und Ballaststoffen. Erdbeeren aus herkömmlichen Anbau werden oft mit ungesundem chemischem Pflanzenschutz behandelt, greifen Sie daher zu Bio-Erdbeeren, wenn Sie frische oder gefrorene Erdbeeren kaufen.

Frische Erdbeeren sind am besten, wenn sie Saison haben (später Frühling und Sommer), zu anderen Jahreszeiten bieten gefrorene Früchte den vollen Geschmack. Rühren Sie einen Teelöffel Honig oder Zucker in eine Schüssel frischer Erdbeeren und sehen Sie zu, wie leckerer Sirup entsteht.

Viererlei von frischen Erdbeeren

Honigsüße Erdbeeren

In einem kleinen Topf bei niedriger Temperatur 60 ml Orangenblüten- oder Wildblütenhonig etwa 1 Minute unter Rühren erwärmen, bis er dünnflüssig ist. Topf vom Herd nehmen. 2 EL frischen Zitronensaft und 125 g entstielte und in Scheiben geschnittene Erdbeeren unterrühren, bis alles gut vermengt ist. Zugedeckt bei Raumtemperatur bis zum Servieren stehen lassen. Pfannkuchen oder Waffeln passen gut dazu. Für 4 Personen.

Erdbeersauce

250 g entstielte Erdbeeren und 2–3 EL Honig (je nach Süße der Beeren) im Mixer pürieren. Das Püree über einer Schüssel mithilfe eines Holzlöffels durch ein feinmaschiges Sieb streichen, sodass die Kerne vom Püree getrennt werden. 1–2 TL frischer Zitronensaft runden den Geschmack ab. Zugedeckt hält sich die Sauce im Kühlschrank bis zu 5 Tage. Macht sich gut als Garnierung für heiße Frühstücksflocken oder Desserts. Ergibt 500 ml.

Beeren aus dem Ofen

In einer breiten, flachen Auflaufform 250 g entstielte Erdbeeren, 60 g Blaubeeren, 60 ml Ahornsirup und 1 EL frischen Orangensaft vermengen, sodass alle Beeren mit der Flüssigkeit bedeckt sind. Beeren dann gleichmäßig in der Form verteilen und bei 230 °C 5–7 Minuten im Backofen backen, bis sie weich sind. Warm mit knusprigen Vollkornkeksen, fettarmem Kuchen oder fettarmem Frozen Yoghurt servieren. Ergibt etwa 750 ml.

In dunkle Schokolade getunkte Erdbeeren

250 g gehackte Zartbitterschokolade in eine hitzefeste Schüssel geben. Im Wasserbad (die Schüssel soll das Wasser nicht berühren) unter gelegentlichem Rühren schmelzen, dann die Schüssel aus dem Wasserbad nehmen. 12–16 Erdbeeren so in die Schokolade tunken, dass etwa zwei Drittel der Frucht bedeckt sind, und dann auf mit ein Wachspapier ausgelegtes Backblech legen. 15 Minuten oder bis zu 2 Stunden in den Kühlschrank stellen, bis die Schokolade fest ist. Ergibt 12–16 Schoko-Erdbeeren.

Haferflocken sind morgens immer eine nahrhafte Wahl. Hier sind sie für eine neue Variante dieses Klassikers mit frischen Himbeeren in duftendem Mandelsirup garniert. Kocht man die Flocken in fettarmer Milch statt in Wasser, ergibt das eine reichhaltige, cremige Konsistenz.

Kernige Haferflocken mit Mandel-Himbeer-Kompott

FÜR 4 PERSONEN

- 125 g Zucker
- 2 TL frischer Zitronensaft
- 1/4 TL reiner Mandelextrakt
- 190 g Himbeeren
- 1 l fettarme Milch
- 1/4 TL Meersalz
- 185 g kernige Haferflocken

Zucker und 125 ml Wasser in einen Topf geben und bei niedriger Temperatur unter Rühren kochen, bis sich der Zucker auflöst. Topf vom Herd nehmen und den Zuckersirup in eine hitzefeste Schüssel gießen. Zitronensaft und Mandelextrakt einrühren. Sirup auf Raumtemperatur abkühlen lassen, dann Himbeeren unterrühren und beiseitestellen.

Bei mittlerer Temperatur Milch und Salz in einem schweren Topf verrühren und aufkochen lassen. Langsam die Haferflocken unterrühren. Auf niedrige Temperatur reduzieren und unter häufigem Rühren etwa 5 Minuten köcheln lassen, bis die Flocken weich sind und die Milch aufgenommen haben. Hitzezufuhr anpassen, damit die Flocken nur sanft köcheln. Vom Herd nehmen, zudecken und 3 Minuten quellen lassen.

Die heißen Haferflocken in Schalen füllen und gleichmäßig mit Himbeeren garnieren. Sofort servieren.

In Italien isst man Polenta, dann Polentina genannt, auch zum Frühstück, sie ist cremiger und lockerer als die Polenta, die zu anderen Mahlzeiten gereicht wird. Kombinieren Sie diese Vollkorn-Frühstücksflocken mit Bananenscheiben und Ahornsirup für eine neue Variation eines traditionellen Müslis.

Ahornsirup-Bananen-Frühstückspolenta

Für 4 Personen

- 400 ml fettarme Milch, oder mehr falls nötig
- 1 1/2 EL Zucker
- feines Meersalz
- 155 g Polenta
- 2 reife Bananen, geschält und in Scheiben geschnitten
- 170 ml Ahornsirup Qualitätsgrad B, erwärmt

410 ml Wasser, Milch, Zucker und 1/4 TL Salz bei mittlerer Temperatur in einen großen, schweren Topf geben und aufkochen lassen. Auf sehr niedrige Temperatur reduzieren und, sobald die Flüssigkeit gerade noch köchelt, die Polenta langsam unter ständigem Rühren in die gleiche Richtung hinzufügen. Wenn die Mischung glatt und klümpchenfrei ist, einen hölzernen Kochlöffel nehmen und für 15 Minuten alle 1–2 Minuten umrühren, bis die Polenta locker und cremig ist. (Für dickere Polenta bis zu 30 Minuten kochen.) Etwas Wasser und/oder Milch hinzufügen, falls die Polenta zu fest wird, es sollte eine sehr flüssige Mischung werden.

Polenta in Schalen schöpfen. Bananen darauf verteilen und mit warmen Ahornsirup beträufeln. Sofort servieren.

Ein Vollkornteig mit Zimtnote wird zu knusprigen Waffeln mit einem nussigen Geschmack. Unwiderstehlich werden sie in Kombination mit vitaminreichen, honigsüßen Erdbeeren. Servieren Sie dieses Frühstück am Wochenende und integrieren Sie gesunde Ernährung so in den Speiseplan, dass ihre Familie nicht einmal etwas davon merkt.

Vollkornwaffeln mit honigsüßen Erdbeeren

Für 4 Personen

- 155 g Vollkornmehl
- 75 g ungebleichtes Mehl (Type 550)
- 2 EL Weizenkleie
- 1 EL Backpulver
- 1 TL gemahlener Zimt
- 1/2 TL feines Meersalz
- 375 ml fettarme Milch
- 2 große Eier
- 2 EL Traubenkern- oder Rapsöl, plus etwas Öl zum Bestreichen
- 2 EL Wildblüten- oder Orangenblütenhonig
- honigsüße Erdbeeren (siehe Seite 53)

In einer großen Schüssel Mehl, Kleie, Backpulver, Zimt und Salz vermischen. In einem hohen Messbecher aus Glas Milch, Eier und die 2 EL Öl verrühren, bis alles gut vermengt ist. Honig zur Milchmischung hinzufügen und wieder rühren, bis alles vermengt ist. Eine Grube in den trockenen Zutaten machen und die Milchmischung hinzufügen. Rühren, bis alles einen dickflüssigen Teig ergibt.

Backofen auf 95 °C vorheizen. Waffeleisen 5 Minuten vorwärmen, dann mit Öl bestreichen. Etwa 125 ml des Teigs in die Mitte des Waffeleisens schöpfen und mit einer kleinen Spachtel in alle Ecken des Waffeleisens verstreichen. Waffeleisen schließen und etwa 4–5 Minuten, je nach Betriebsanleitung, backen, bis seitlich kein Dampf mehr austritt und sich der Deckel leicht öffnen lässt.

Die Waffel auf einen vorgewärmten Teller legen und im Backofen warmhalten. Den Vorgang mit dem übrigen Teig wiederholen. Waffeln mit den honigsüßen Erdbeeren servieren.

Süßkartoffeln liefern viel Beta-Carotin und sind voller Ballaststoffe. Hier spielen sie neben Walnusskernen in einer modernen, herbstlichen und nährstoffreichen Interpretation von traditionellen Pfannkuchen die Hauptrolle. Gut dazu passen sautierte Äpfel (siehe Seite 61).

Süßkartoffel-Pfannkuchen mit Walnüssen

Für 6 Personen

- 2 Süßkartoffeln, gut gewaschen, aber nicht geschält
- 2 EL Butter
- 375 ml fettarme Milch
- 2 große Eier
- 2 EL brauner Zucker
- 1 1/2 TL reiner Vanilleextrakt
- 155 g Vollkornmehl
- 75 g ungebleichtes Mehl (Type 550)
- 1 EL Backpulver
- je 1/2 TL gemahlener Zimt und Muskat, frisch gerieben
- 1/2 TL Salz
- etwas Traubenkernöl
- 60 g Walnusskerne, geröstet und grob gehackt
- Ahornsirup, erwärmt zum Servieren

Backofen auf 95 °C vorheizen. Süßkartoffeln mehrmals mit einer Gabel einstechen und in der Mikrowelle auf höchster Stufe etwa 8 Minuten erwärmen, bis sie weich sind. Jede Süßkartoffel der Länge nach halbieren und abkühlen lassen, bis man sie berühren kann, dann das Innere herauslöffeln und 185 g abwiegen, den Rest aufbewahren und für ein anderes Gericht verwenden.

Die warmen Süßkartoffeln und die Butter in einen Mixer geben und pürieren. Dann 125 ml der Milch, Eier, braunen Zucker und Vanille hinzugeben und wieder pürieren, bis alles gut vermengt ist. Masse in eine Schüssel geben und mit den übrigen 250 ml Milch verrühren. In einer großen Schüssel die Mehle, Backpulver, Zimt, Muskat und Salz vermengen. Die Süßkartoffel-Mischung zur Mehl-Mischung gießen und rühren, bis alles gut vermengt ist, aber nicht zu viel rühren.

Eine Bratpfanne bei mittlerer Temperatur heiß werden lassen und mit Traubenkernöl benetzen. Für jeden Pfannkuchen etwa 60 ml des Teiges in die Pfanne gießen und etwa 2 1/2 Minuten backen, bis Blasen an der Oberfläche entstehen. Pfannkuchen wenden und noch einmal etwa 2 Minuten backen, bis sie auf der zweiten Seite goldbraun sind. Dann auf ein Backblech legen und im Backofen warmhalten. Mit dem restlichen Teig ebenso verfahren.

Pfannkuchen heiß servieren und mit Walnusskernen bestreuen. Dazu den warmen Ahornsirup reichen.

An Apple a Day ...

Durch ihren hohen Anteil an Antioxidantien verdienen Äpfel ihren gesunden Ruf. Unter anderem helfen sie, das Risiko für Lungenkrebs oder Herzkreislauferkrankungen zu senken. Eine Schlüsselsubstanz in Äpfeln ist für Asthmakranke förderlich. Ein Apfel enthält 5 Gramm Ballaststoffe, die schlechte Cholesterinwerte senken und bei Gewichtsproblemen unterstützen. Gerade in der Schale sind viele gute Stoffe, aber sie kann mit Pestiziden behandelt sein, verwenden Sie daher Bio-Äpfel.

Um die hitzeempfindlichen Antioxidantien zu bewahren, essen Sie Äpfel roh oder kochen Sie sie sanft, wenn möglich mit Schale. Sie können geraspelte Äpfel in Ihr Müsli geben oder auf mit Nussbutter bestrichenes Vollkornbrot legen.

Viererlei vom Apfel

Apfel-Sellerie-Salat

In einer kleinen Bratpfanne 1 TL Koriandersamen 2–3 Minuten bei mittlerer Temperatur unter gelegentlichem Schütteln der Pfanne rösten, bis es duftet. Samen in einen Mörser geben, mit dem Stößel mahlen und beiseitestellen. Vier Kochäpfel (z. B. Boskop) mit Schale entkernen und in streichholzgroße Stücke schneiden. Gemeinsam mit dem Saft einer unbehandelten Zitrone, 1 TL Walnussöl, zwei in Scheiben geschnittenen Selleriestangen, den Koriandersamen sowie Salz und Pfeffer nach Geschmack in eine Schüssel geben. Schwenken, damit sich alles gut durchmischt und sofort servieren. Für 4 Personen.

Chicorée mit Äpfeln & Walnusskernen

In einer großen Schüssel 1 EL Traubenkernöl, 1 EL Zitronensaft, 1 TL geröstetes Walnussöl und 1 TL abgeriebene Schale einer unbehandelten Zitrone verquirlen. Zwei Breaburn-Äpfel vierteln, entkernen und in sehr dünne Spalten scheiben. Apfelspalten, grobgehackte Blätter von zwei Chicorée-Köpfen und 2 TL gehackten frischen Estragon in die Schüssel geben und schwenken, damit sich alles gut durchmischt. Mit 30 g grob gehackten Walnusskernen bestreuen und sofort servieren. Für 2 Personen.

Puten-Apfel-Salat mit Curry

In einer großen Schüssel 90 g fettarmen Naturjoghurt, 2 EL frischen Zitronensaft, 1 TL Honig, 1 TL Madras-Currypulver und Salz je nach Geschmack verquirlen. 280 g gewürfelte gekochte Putenbrust, einen Kochapfel, entkernt und gewürfelt , 45 g fein gehackte rote Zwiebel und 3 EL geröstete gehackte Mandeln in die Schüssel geben. Gut vermischen. Auf Römersalatblättern oder auf Vollkornbrotscheiben wie ein Sandwich servieren. Für 2 Personen.

Sautierte Äpfel

In einem großen Topf bei mittlerer Temperatur 2 EL Butter schmelzen. 500 g Kochäpfel, entkernt und in Scheiben geschnitten, hinzufügen und 5–7 Minuten sautieren, bis sie weich sind. Mit 2 EL Ahornsirup, dem Saft von ½ Zitrone und ½ TL gemahlenem Zimt beträufeln und alles gut vermengen. Für 6 Personen.

Rührei mit Gemüse ist eine schnelle und einfache Möglichkeit, ein nahrhaftes Frühstück vorzubereiten. Sie können alle möglichen Gemüsesorten unterrühren, je nachdem, worauf Sie Lust haben, so wie die hier verwendeten Tomaten und Zucchini. Der Spinat könnte durch Rucola ersetzt werden.

Rührei vom Bauernmarkt

Für 4 Personen

8 große Eier

2 EL fettarme Milch

Meersalz und frisch gemahlener Pfeffer

4 TL Olivenöl

1 kleine Zucchini, Strunk entfernt und gewürfelt

1 reife mittelgroße Tomate, entkernt und gewürfelt

30 g Baby-Spinat

30 g frisch geriebener Pecorino romano

Eier, Milch und je eine Prise Salz und Pfeffer in einer Schüssel verquirlen. So lange rühren, bis die Eier schaumig sind. Beiseitestellen.

Bei mittlerer Temperatur Öl in einer beschichteten Pfanne erhitzen. Zucchini und noch eine Prise Salz hinzufügen. Unter Rühren etwa 1 Minute braten, bis die Zucchini gar ist. Tomate hinzufügen und weiterrühren, damit alles gut vermengt ist. Auf niedrige Temperatur reduzieren und die Ei-Mischung hinzufügen. Ohne Rühren etwa 1 Minute braten, bis die Eier zu stocken beginnen. Mit einem Pfannenwender die Ei-Mischung vorsichtig vom Pfannenboden lösen, dabei vom Rand zur Mitte schieben.

Sobald die Eier halbgar sind, etwa 1–2 Minuten später, Spinat hinzufügen. Behutsam umrühren, damit sich der Spinat gleichmäßig verteilt und noch etwa 1 Minute braten, bis die Eier gestockt, aber noch cremig sind.

Das Rührei auf einem vorgewärmten Teller anrichten und sofort servieren.

Frittatas sind eine weitere tolle Möglichkeit, mehr Gemüse in Ihre Ernährung einzubauen. Sie sind vielfältig, leicht abzuwandeln und können heiß oder bei Raumtemperatur serviert werden. Um die Cholesterinwerte in diesem Rezept zu senken, ersetzen Sie zwei ganze Eier durch vier Eiweiß.

Frittata mit Mangold und Zwiebel

Für 4–6 Personen

- 1 Bund Mangold (etwa 625 g)
- 4 EL (60 ml) Olivenöl
- 1 kleine gelbe Zwiebel, in feine Scheiben geschnitten
- Meersalz und frisch gemahlener schwarzer Pfeffer
- 6 große Eier
- 4 Knoblauchzehen, fein gehackt
- 30 g frisch geriebener Parmesan
- 1–2 Prisen Cayennepfeffer

Backofen auf 180 °C vorheizen und einen Rost in das obere Drittel schieben.

Mangoldblätter von den Stielen trennen, dazu links und rechts entlang der Hauptvene des Blattes schneiden. Die Stiele quer in etwa 5 mm dicke Scheiben schneiden und die Blätter grob hacken. Stiele und Blätter getrennt beiseitestellen.

In einer großen Bratpfanne bei mittlerer Temperatur 2 EL Olivenöl erhitzen. Zwiebel hinzufügen und etwa 6 Minuten anschwitzen, bis sie weich sind. Dann die Mangoldstiele dazugeben, salzen und etwa 4 Minuten braten, bis sie beginnen, weich zu werden. Die gehackten Mangoldblätter hinzufügen und noch einmal etwa 3–4 Minuten braten, bis die Stiele ganz gar sind. Auf einen Teller geben und beiseitestellen.

In einer großen Schüssel Eier mit Knoblauch und Parmesan leicht schlagen. Mit Cayennepfeffer, Salz und schwarzem Pfeffer abschmecken.

Die Flüssigkeit aus der Schüssel mit den Mangoldstielen abgießen und die Blätter vorsichtig ausdrücken, um überschüssige Flüssigkeit zu entfernen. Dann beides unter die Ei-Mischung rühren. In einer ofenfesten Bratpfanne (20 cm Durchmesser) bei mittlerer Temperatur die restlichen 2 EL Olivenöl erhitzen. Ei-Mischung hinzufügen, Hitzezufuhr verringern und Eier ohne Rühren etwa 5 Minuten braten, bis die Ei-Mischung an den Rändern stockt. Dann in den Backofen geben und weitere 7–9 Minuten backen, bis alles gestockt ist. Aus dem Backofen nehmen und kurz abkühlen lassen.

Frittata in Spalten schneiden und direkt aus der Pfanne servieren oder auf einen großen Teller geben und servieren.

In einzelnen Auflaufförmchen gebackene Eier sind ein einfaches, verspieltes Frühstück. Nur eine kleine Menge Crème fraîche verleiht dem Gericht eine seidige Konsistenz, ohne zu viel Fett zuzuführen. Vollkorntoast ist die perfekte Ergänzung zu diesem Gericht.

Gebackene Eier mit Spinat

Für 4 Personen

Olivenöl, zum Fetten
80 g Baby-Spinat, grob gehackt
4 große Eier
2 EL Crème fraîche
Meersalz und frisch gemahlener Pfeffer

Backofen auf 190 °C vorheizen.

Vier Auflaufförmchen (à 185 g Füllmenge) großzügig mit Olivenöl fetten. Den Spinat auf die Förmchen aufteilen. Vorsichtig jeweils ein Ei in die Förmchen und auf den Spinat schlagen. ½ EL der Crème fraîche über jedes Ei geben und mit Salz und Pfeffer bestreuen.

Backen, bis das Eiweiß fest ist. Je nach gewünschter Konsistenz des Eigelbs kürzer oder länger backen: 10 Minuten für weiche Eier mit flüssigem Dotter oder bis zu 14 Minuten für harten Dotter. Sofort servieren.

Ein in einer ausgehöhlten Tomate gebackenes Ei, das mit Parmesan und Basilikum garniert wird, ist eine weitere außergewöhnliche Frühstücksvariante. Reife, aber feste Tomaten sind stabil genug für den Ofen und ergänzen das Gericht um eine süße, saftige Note.

Gebackene Eier in Tomaten

Für 4 Personen

- 4 mittelgroße reife, aber feste Tomaten
- Meersalz und frisch gemahlener Pfeffer
- 4 große Eier
- 30 g frisch geriebener Parmesan
- 1 EL natives Olivenöl extra
- 7 g frische Basilikumblätter, in dünne Streifen geschnitten

Backofen auf 230 °C vorheizen.

Ein tiefes Backblech mit Alufolie auslegen. Mit einem gezackten Messer den Deckel jeder Tomate abschneiden und entfernen. Mit einem Löffel vorsichtig das Fruchtfleisch der Tomaten herauslösen. Das Fruchtfleisch für ein anderes Rezept aufbewahren oder entfernen. Die ausgehöhlten Tomaten auf das vorbereitete Backblech stellen und das Innere mit je einer Prise Salz und Pfeffer bestreuen.

Vorsichtig jeweils ein Ei in eine Tomate schlagen. 1 EL Parmesan über jedes Ei streuen. Das Backblech in den Backofen geben und etwa 8–10 Minuten backen, bis das Eiweiß ganz und das Eigelb teilweise gestockt, letzteres aber noch ein bisschen flüssig ist.

Die mit Ei gefüllten Tomaten aus dem Backofen nehmen. Mit Olivenöl beträufeln und gleichmäßig mit Basilikum bestreuen. Sofort servieren.

Piperade ist ein baskisches Gericht mit süßen Zwiebeln und bunten Paprikaschoten. Verwenden Sie Schoten mit unterschiedlichen Farben, um von allen darin enthaltenen Antioxidantien zu profitieren. So starten Sie mit einer hohen Dosis an natürlichem Vitamin C in den Tag.

Pochierte Eier mit Paprika-Piperade

Für 4 Personen

- 2 EL Olivenöl
- 1 kleine gelbe Zwiebel, in feine Scheiben geschnitten
- Meersalz und frisch gemahlener Pfeffer
- 1 Knoblauchzehe, fein gehackt
- je 1 rote, gelbe und orange Paprikaschote, entkernt und in feine Streifen geschnitten
- 2 EL Weißweinessig
- 1 TL Zucker
- 4 große Eier
- 2 EL frische gehackte glatte Petersilie

In einer Bratpfanne Olivenöl bei mittlerer Temperatur erhitzen. Zwiebel und je eine Prise Salz und Pfeffer hinzufügen. Unter Rühren etwa 4–5 Minuten anschwitzen, bis die Zwiebel beginnt weich zu werden. Dann Knoblauch, Paprikaschoten und eine weitere Prise Salz und Pfeffer hinzufügen. Unter gelegentlichem Rühren weitere 6–8 Minuten braten, bis die Paprikaschoten weich sind, aber noch ein bisschen Biss haben und die Zwiebel sehr weich ist. 1 EL des Essigs und den Zucker unterrühren und 1–2 Minuten garen, bis der Essig fast vollständig verdampft ist. Zudecken, um die Mischung warmzuhalten.

Einen hohen Topf zur Hälfte mit kaltem Wasser füllen. 1 TL Salz und den übrigen Essig hinzufügen und bei mittlerer Temperatur auf den Herd stellen. Wenn das Wasser zu köcheln beginnt, Eier nacheinander in eine Tasse schlagen und vorsichtig in das Wasser gleiten lassen. 1 Minute garen lassen, dann vorsichtig einen Pfannenwender unter die Eier schieben, damit sie nirgends ankleben. Bis zum gewünschten Gargrad leicht köcheln, etwa 3–5 Minuten.

Die Paprika-Mischung auf Teller verteilen. Die pochierten Eier mit einem Schaumlöffel aus dem köchelnden Wasser nehmen, leicht abtropfen lassen und auf die Paprika-Mischung setzen. Mit gehackter Petersilie bestreuen und sofort servieren.

Mexikanische Gerichte können ungesund und sehr fettig sein, aber durch die vielen verschiedenen, dort einheimischen Zutaten wie Bohnen, Tomaten und Avocados gelten sie als Superfoods. Klug kombiniert, so wie in diesem Rezept, ergeben sie ein würziges und gesundes Frühstück.

Huevos Rancheros

Für 4 Personen

4 Vollkorn-Tortillas

1 EL Traubenkern- oder Rapsöl, oder mehr, je nach Bedarf

4 große Eier

Meersalz und frisch gemahlener Pfeffer

375 ml Rösttomatensauce (siehe Seite 219), in einer großen Pfanne erwärmt

250 g fettfreies Bohnenmus aus schwarzen Bohnen, erwärmt

1 kleine reife Avocado, halbiert, entkernt, geschält und in Scheiben geschnitten

45 g Feta- oder Cotija-Käse, zerkrümelt

155 g fettarmer griechischer Naturjoghurt

1 EL frischer Koriander, grob gehackt

Backofen auf 95 °C vorheizen. Tortillas in Alufolie wickeln und zum Aufwärmen in den Backofen legen.

In einer großen Bratpfanne das Öl bei mittlerer bis niedriger Temperatur erhitzen. Vorsichtig die Eier in die Pfanne schlagen und langsam etwa 3 Minuten anbraten, bis das Eiweiß gestockt ist und der Dotter ebenfalls zu stocken beginnt, aber noch nicht hart ist. Für harte Dotter einen Deckel auf die Pfanne geben. Mit Salz und Pfeffer abschmecken.

Zum Anrichten die Tortillas aus dem Backofen nehmen. Mit einer Zange jede Tortilla kurz in die warme Tomatensauce tunken und auf die einzelnen vorgewärmten Teller legen. 60 g des Bohnenmuses gleichmäßig über jede Tortilla verteilen und mit einem Spiegelei garnieren. Großzügig mehr von der Tomatensauce über die Eier und die Tortillas träufeln. Mit den Avocadoscheiben, Käse, Joghurt und Koriander garnieren. Sofort servieren.

Scharfes Essen für gute Laune

Capsaicin – der Inhaltsstoff, der die Chili scharf macht – stimuliert die Endorphinproduktion im Gehirn, beugt Heißhunger vor, kurbelt den Stoffwechsel an und hilft, Magengeschwüren vorzubeugen. Grüne Chilischoten sind reich an Vitamin C, reife rote an Vitamin A. Die weißen Häutchen innen enthalten die Schärfe und leiten sie an die Samen weiter, also entfernen Sie beides (mit Handschuhen), um das Feuer einer Schote zu dämpfen. Die aromatische Skala von Chilischoten reicht von blumig über rauchig bis hin zu schokoladig.

Die Schärfe von Chilischoten misst man auf der Scoville-Skala, die von 500 Scoville-Einheiten für italienisch eingelegte Peperoni bis zu 7 Millionen Einheiten für die allerschärfste Chilisauce geht. Die untenstehenden Gerichte sind mittelscharf, aber Sie können gern mehr scharfe Chilischoten hinzufügen, wenn Sie es gerne sehr feurig mögen.

Viererlei von der Chilischote

Pfannengegrillte Pimientos de Padrón

Eine Grillpfanne bei hoher Temperatur erhitzen, bis sie heiß ist. In der Zwischenzeit 500 g Pimientos de Padrón mit 1 EL Olivenöl in eine Schüssel geben und schwenken, bis alles gut bedeckt ist. Die Schoten in die heiße Grillpfanne geben und unter gelegentlichem Rühren 3–4 Minuten anbraten, bis die Haut auf allen Seiten Blasen wirft. Auf einen Teller geben, mit grobkörnigem Meersalz bestreuen und sofort servieren. Für 4 Personen (Appetithäppchen oder Snacks).

Gefüllte Poblano-Chilischoten

Zwei Poblano-Schoten aufschneiden und Samen und Häutchen entfernen. Mit einer mit Salz abgeschmeckten, gut vermengten Mischung aus Ziegenkäse, fettarmer Milch, frischem Schnittlauch und fein gehackten Schalotten füllen. Bei 200 °C 30–40 Minuten in einer leicht geölten Auflaufform garen, bis die Schoten weich sind und die Haut Falten wirft. Sofort servieren. Für 2 Personen.

Gegrillte Chilischoten & Zwiebel

Acht Poblano-Schoten längs halbieren und Häutchen, Samen und Stiele entfernen. Mit der Haut nach oben auf ein Backblech legen und im Backofen auf oberster Schiene grillen, bis die Haut überall schwarz ist. In eine hitzefeste Schüssel geben, mit Plastikfolie bedecken und 5 Minuten ziehen lassen. Mit nassen Fingern die schwarze Haut abziehen. Chilischoten in Streifen schneiden und mit einer in feine Scheiben geschnittenen und in Olivenöl angeschwitzten Zwiebel vermengen. Mit Salz und Pfeffer abschmecken. Passt gut zu Eiergerichten und als Füllung für Tacos. Für 4 Personen.

Schwarze-Bohnen-Chili-Salat

Zwei Poblano-Schoten grillen und in Streifen schneiden, wie im oberen Rezept angegeben. In einer Schüssel 60 ml natives Olivenöl extra, 2 EL Sherryessig, 1 EL Dijonsenf und ½ TL gemahlenem Cumin verrühren sowie mit Salz und Pfeffer abschmecken. Zwei Dosen (à 400 g) schwarze Bohnen, abgegossen und abgespült, hinzufügen sowie ½ rote fein gehackte Zwiebel, 400 g halbierte Cherry-Tomaten und die Chilistreifen, dann gut durchschwenken. Für ein paar Minuten ziehen lassen, damit sich die Aromen voll entfalten und verbinden können. Für 6 Personen.

Diese ausgefallene Kombination, die sich gut für einen Brunch eignet, ist durch die Süßkartoffeln reich an Vitamin A und Beta-Carotin und durch den Apfel reich an Antioxidatien, trotzdem werden Ihre Gäste nicht erraten, dass es gesund ist. Ein kleines Stück nitritfreier Schinken sorgt für eine rauchige Note, dennoch wird das Gericht nicht zu fettig.

Süßkartoffeln mit pochierten Eiern

Für 6 Personen

- 2 mittelgroße orangefleischige Süßkartoffeln (insgesamt etwa 375 g), geschält und in 2 cm dicke Scheiben geschnitten
- 4 TL Traubenkern- oder Rapsöl
- 155 g rote Zwiebel, fein gehackt
- 1/2 Granny-Smith-Apfel, gewürfelt
- 90 g Schwarzwälder Schinken ohne Nitrit, gewürfelt
- 2 TL frische Thymianblätter
- 1/4 TL Paprikapulver, edelsüß
- 1 EL Branntweinessig
- Meersalz
- 6 große Eier

In einen großen Topf mit Dämpfeinsatz Wasser 2,5 cm hoch füllen und zum Kochen bringen. Die Süßkartoffelscheiben in den Einsatz geben, gleichmäßig verteilen, zudecken und etwa 8 Minuten dämpfen, bis die Kartoffeln weich, aber beim Einstechen mit der Gabel innen noch bissfest sind. Topf vom Herd nehmen, Einsatz herunternehmen und die Kartoffeln auf Raumtemperatur abkühlen lassen.

In einer beschichteten Pfanne 2 TL Öl bei mittlerer bis hoher Temperatur erhitzen. Zwiebel und Apfel hinzufügen und etwa 10 Minuten braten, bis die Zwiebel goldbraun ist. Die Süßkartoffeln in grobe Würfel schneiden und mit dem Speck, Thymian und Paprikapulver in die Pfanne geben. Unter häufigem Rühren 5–10 Minuten braten, bis alle Zutaten Farbe angenommen haben und gewärmt sind.

Während die Kartoffeln garen, Eier pochieren: Einen hohen Topf zur Hälfte mit kaltem Wasser füllen. 1 TL Salz und den übrigen 1 EL Essig hinzufügen und bei mittlerer Temperatur auf den Herd stellen. Wenn das Wasser zu köcheln beginnt, Eier nacheinander in eine Tasse schlagen und vorsichtig in das Wasser gleiten lassen. 1 Minute garen lassen, dann vorsichtig einen Pfannenwender unter die Eier schieben, damit sie nirgends ankleben. Bis zum gewünschten Gargrad köcheln, etwa 3–5 Minuten.

Die Kartoffeln auf Teller verteilen. Mit einem Schaumlöffel die Eier aus dem köchelnden Wasser heben, leicht abtropfen lassen und eines auf jeden Teller setzen. Sofort servieren.

Quesadillas werden gern mittags gegessen, aber sie sind auch ein vielseitiges Frühstück. Beginnen Sie mit Vollkorntortillas und füllen Sie sie mit magerer Hühnerbrust, Rührei, Spinat, Tomate und Avocado. Oder wählen Sie andere Zutaten für Ihre persönliche gesunde Variante.

Frühstücksquesadillas mit Hähnchen, Spinat und Avocado

Für 4 Personen

- Olivenöl zum Fetten, plus 1 EL
- 1 kleine ausgelöste Hähnchenbrusthälfte ohne Haut (125–155 g)
- Meersalz und frisch gemahlener Pfeffer
- 4 große Eier
- 60 g Spinat, grob gehackt
- 1 reife kleine Tomate, entkernt und gehackt
- 4 Vollkorntortillas (25 cm Durchmesser)
- 60 g geriebener weißer Cheddar
- 60 g fettarmer griechischer Joghurt
- 1 kleine reife Avocado, entkernt, geschält und in Scheiben geschnitten
- 60 g *pico de gallo* (siehe Seite 218 oder gekauft)

Backofengrill vorheizen. Einen Bräter mit Rost leicht einölen und beiseitestellen.

Das Hähnchen zwischen zwei Schichten Frischhaltefolie legen und sanft mit einem Fleischklopfer etwa 1 cm dick klopfen. Mit Öl bestreichen und mit Salz und Pfeffer würzen. Das Hähnchen in den vorbereiteten Bräter legen und insgesamt etwa 5 Minuten grillen, dabei einmal wenden, bis es auf beiden Seiten goldbraun ist und bei Druck nicht nachgibt. Auf ein Schneidebrett legen und in etwa 1 cm große Würfel schneiden.

In einer Schüssel Eier, ¼ TL Salz und ⅛ TL Pfeffer verquirlen. In einer Bratpfanne 1 EL Olivenöl bei mittlerer Temperatur erhitzen. Eier hinzufügen und verrühren, wenn es nach etwa 20 Sekunden zu stocken beginnt. Hähnchen, Spinat und Tomate dazufügen und unter Rühren weiter garen, bis die Eier stocken, aber noch cremig und nicht trocken sind. Vom Herd nehmen und beiseitestellen.

Eine weitere Bratpfanne bei mittlerer Temperatur erhitzen. Eine Tortilla 1 Minute in der heißen Pfanne erwärmen. Tortilla wenden und mit der Hälfte des Käses auf einer Hälfte bestreuen. Auf den Käse die Hälfte der Ei-Hähnchen-Mischung geben. Tortilla nun so zusammenfalten, dass die Füllung bedeckt ist. Etwa 1 Minute weiterbraten, bis der Boden Farbe annimmt. Wenden und wieder etwa 1 Minute braten, bis die zweite Seite goldbraun ist. Auf ein Backblech geben und im Backofen warmhalten. Mit der zweiten Tortilla wiederholen.

Tortillas in Spalten schneiden. Jede Portion mit einem Klecks Joghurt, einigen Avocadoscheiben und einem Löffel *pico de gallo* garnieren. Sofort servieren.

Hauptgerichte

Dieses einfache Gericht kombiniert drei Superfoods – Tomaten, Knoblauch und Zwiebel – zu einer geschmeidigen Suppe. Die Tomaten werden zuerst im Backofen gegrillt, um den Geschmack zu intensivieren und ihre Süße herauszukitzeln. Verwenden Sie Gemüsebrühe für eine vegetarische Variante der Suppe.

Grilltomaten-Zwiebelsuppe

Für 4–6 Personen

- $1\frac{1}{2}$ kg reife Tomaten
- 2 EL Olivenöl
- 2 EL Balsamicoessig
- 1 Knoblauchzehe, gehackt
- 2 TL frische Thymianblätter
- Meersalz und frisch gemahlener Pfeffer
- 1 gelbe Zwiebel, gehackt
- 125 ml trockener Weißwein
- 750 ml salzarme Hühnerbrühe
- 2 EL frische glatte Petersilie, gehackt

Backofen auf 165 °C vorheizen.

Tomaten halbieren und mit der Schnittseite nach oben auf ein Backblech legen. In einer kleinen Schüssel 1 EL des Olivenöls, den Essig, Knoblauch, Thymian, $\frac{1}{4}$ TL Salz und $\frac{1}{4}$ TL Pfeffer verrühren. Mischung gleichmäßig über die Tomaten träufeln. Etwa 1 Stunde grillen, bis die Tomaten weich sind und ihre Haut Falten wirft.

Den restlichen 1 EL Olivenöl bei mittlerer bis hoher Temperatur in einem Suppentopf erhitzen. Zwiebel hinzufügen und unter Rühren so lange anschwitzen, bis sie weich ist, dabei falls nötig die Temperatur reduzieren. Wein hinfügen und auf mittlere bis hohe Temperatur erhöhen und aufkochen lassen. 2–3 Minuten kochen, bis die Flüssigkeit verdampft ist. Hühnerbrühe und die Grilltomaten unterrühren und mit einem Holzlöffel vorsichtig eventuell entstandenen Bratensatz lösen, wieder aufkochen lassen. Dann auf mittlere bis niedrige Hitze reduzieren und 10 Minuten köcheln lassen, damit sich die Aromen gut verbinden.

Die Suppe in einem Mixer oder einer Küchenmaschine glatt pürieren, falls notwendig portionsweise. Dann wieder in den Topf gießen und mit Salz und Pfeffer abschmecken. Sanft bei mittlerer Temperatur die Suppe erhitzen. In vorgewärmte Suppenschalen gießen, mit Petersilie garnieren und sofort servieren.

Diese Suppe mit leichtem Thai-Touch ist aromatisch, süß und pikant – und das alles auf einmal! Der Butternusskürbis unterstützt das Immunsystem mit einem kräftigen Beta-Carotin-Schub. Wenn Sie möchten, können Sie das Gericht mit Thai-Basilikum-Blättern und -Blüten garnieren.

Kokos-Curry-Kürbissuppe

Für 4 Personen

- 1 großer Butternusskürbis (etwa 2 kg)
- 1½ EL Olivenöl
- 4 große Schalotten, in Ringe geschnitten (etwa 90 g)
- 1 EL geschälter und geriebener frischer Ingwer
- 1 Knoblauchzehe, gehackt
- 750 ml salzarme Hühner- oder Gemüsebrühe
- Meersalz
- 1 TL rote Thai-Currypaste
- 180 ml fettarme Kokosmilch
- 2 TL frischer Limettensaft

Mit einem scharfen, schweren Messer den Strunk vom Kürbis entfernen und den Kürbis der Länge nach halbieren. Die Kerne mit einem Löffel entfernen. Schälen und das Fruchtfleisch in 2,5 cm große Würfel schneiden. (Das sollte etwa 1½ kg ergeben.)

In einem Suppentopf Olivenöl bei mittlerer Temperatur erhitzen. Schalotten hinzufügen und 2–3 Minuten anschwitzen, bis diese weich sind. Ingwer und Knoblauch hinzufügen und etwa 1 Minute garen, bis es duftet, aber die Mischung keine Farbe annimmt. Kürbis, Brühe und ½ TL Salz hinzufügen und bei hoher Temperatur aufkochen lassen. Dann Hitzezufuhr reduzieren und etwa 20 Minuten köcheln lassen, bis der Kürbis beim Anstechen mit einer Gabel nachgibt und weich ist. Vom Herd nehmen und etwas abkühlen lassen.

In eine kleine Schüssel Currypaste und Kokosmilch geben und verrühren, bis sich alles gut verbunden hat. Die Suppe in einem Mixer oder einer Küchenmaschine glatt pürieren, falls notwendig portionsweise. Zurück in den heißen Topf gießen und die Kokosmilch-Curry-Mischung einrühren. Bei mittlerer Temperatur erwärmen, bis alles heiß ist und mit Limettensaft und zusätzlichem Salz abschmecken. In vorgewärmte Suppenschalen schöpfen und sofort servieren.

Diese einfache Suppe ist voller gesunder Zutaten. Sie hält gut und schmeckt am nächsten Tag sogar noch besser. Wenn etwas Suppe übrig bleibt, machen Sie es wie die Toskaner und geben Sie für eine herzhafte Mahlzeit einfach ein Stück altes Brot in den Topf, wenn Sie die Suppe wieder aufwärmen.

Toskanische Grünkohl-Bohnensuppe

Für 8 Personen

225 g weiße getrocknete Bohnen (vorzugsweise Borlottibohnen), eingeweicht und abgetropft

1 Bund Grünkohl (etwa 250 g)

2 EL Olivenöl

1 große gelbe Zwiebel, gehackt

1 große Karotte, geschält und gewürfelt

1 Selleriestange, in dünne Ringe geschnitten

2 Knoblauchzehen, gehackt

1 Dose (875 g) Tomaten im Ganzen

1 Lorbeerblatt

1 Prise Chiliflocken

Salz und frisch gemahlener schwarzer Pfeffer

Bohnen auf Kiesel und Steinchen durchsuchen. Unter laufendem kalten Wasser gut spülen und abtropfen lassen. Bohnen in eine Schüssel geben und mit Wasser bedecken. Mindestens 4 Stunden oder über Nacht stehen lassen.

Bohnen abgießen und in einen Suppentopf geben. Wasser hinzufügen, sodass die Bohnen großzügig bedeckt sind. Bei hoher Temperatur aufkochen lassen, dann auf niedrige Hitze reduzieren und halb zugedeckt etwa 1–1½ Stunden köcheln lassen, bis die Bohnen weich sind. Bohnen abgießen, das Abtropfwasser in einem anderen Topf oder einer hitzefeste Schüssel auffangen. Bohnen und Abtropfwasser getrennt beiseitestellen.

Stiele von den Grünkohlblättern entfernen. Blätter aufeinanderlegen, der Länge nach einrollen und die Blätter quer in etwa 1 cm dicke Streifen schneiden. Stiele entfernen oder für ein anderes Gericht verwenden.

Das Olivenöl in einem Suppentopf bei mittlerer bis hoher Temperatur erhitzen. Zwiebel, Karotte und Sellerie hinzufügen und 5–7 Minuten braten, bis die Zwiebel und der Sellerie glasig sind. Grünkohl hinzugeben und 5 Minuten rühren, bis die Blätter zusammengefallen sind. Knoblauch hinzufügen und 1 Minute garen, bis er duftet. Tomaten in eine Schüssel geben und mit den Händen zerkleinern. Tomaten und ihren Saft in den Topf geben und umrühren, um alles gut zu vermengen.

Bohnenflüssigkeit abmessen und nach Notwenigkeit mit Wasser aufgießen, insgesamt sollte es 1 l sein. Bohnen und Flüssigkeit gemeinsam mit dem Lorbeerblatt und den Chiliflocken hinzufügen. Bei mittlerer bis hoher Temperatur aufkochen lassen, dann auf mittlere bis niedrige Temperatur reduzieren, zudecken und etwa 10 Minuten köcheln lassen, bis die Bohnen erwärmt sind. Mit Salz und schwarzem Pfeffer abschmecken.

Suppe in vorgewärmte Suppenschalen gießen und sofort servieren.

Getrocknete Steinpilze verstärken den Pilzgeschmack in dieser Suppe und verleihen dem Gericht eine zusätzliche herzhafte Note – umami. Rollgerste in einer schmackhaften Brühe zu garen ist eine gute Möglichkeit, um auf leckere Weise mehr Vollkorn in Ihre Ernährung zu integrieren.

Gersten-Pilzsuppe mit frischem Thymian

Für 4 Personen

- 90 g getrocknete Steinpilze
- 125 ml trockener Weißwein
- 1 EL Olivenöl
- 2 oder 3 große Schalotten, gehackt (etwa 60 g)
- 2 Knoblauchzehen, gehackt
- 250 g frische Champignons, geputzt und gewürfelt
- 1 TL frischer Thymian, gehackt
- Meersalz und frisch gemahlener Pfeffer
- 750 ml salzarme Hühnerbrühe
- 155 g Rollgerste
- 1 EL Tomatenmark
- 2 TL frischer Zitronensaft

Steinpilze gut abspülen, um Schmutz oder Staub zu entfernen. In einem kleinen Topf bei mittlerer bis hoher Temperatur den Wein zum Köcheln bringen. Vom Herd nehmen und Steinpilze hinzufügen. 15 Minuten stehen lassen. Steinpilze über einer Schüssel abtropfen lassen und fein hacken, die Flüssigkeit aufbewahren.

In einem schweren Suppentopf Olivenöl bei mittlerer bis hoher Temperatur erhitzen. Schalotten und Knoblauch hinzufügen und unter häufigem Rühren 2–3 Minuten anschwitzen, bis die Schalotten weich sind. Champignons, Thymian, ¼ TL Salz und ¼ TL Pfeffer hinzufügen und 4–5 Minuten braten, bis die Pilze Flüssigkeit abgeben und Farbe annehmen. Die Abtropfflüssigkeit der Steinpilze hinzufügen und aufkochen lassen, dabei mit einem Holzlöffel Bratensatz vom Topfboden lösen. 1 Minute kochen.

Hühnerbrühe, Gerste, Tomatenmark, gehackte Steinpilze und 750 ml Wasser dazugeben. Aufkochen lassen, dann auf mittlere bis niedrige Hitze reduzieren, zudecken und 45–50 Minuten sanft köcheln lassen .

Etwa 250 ml der Suppe in einen Mixer oder eine Küchenmaschine geben und glatt pürieren. Die pürierte Suppe wieder in den Topf gießen, erwärmen, bis alles gleichmäßig heiß ist und Zitronensaft unterrühren. Nach Belieben abschmecken.

Suppe in vorgewärmte Suppenschalen gießen und sofort servieren.

Dieser vielseitige Getreidesalat kann leicht mit Ihrem liebsten Grillgemüse oder verschiedenen Gewürzen variiert werden. Kichererbsen liefern Eiweiß und zusätzliche Ballaststoffe. Frühlingszwiebel und Minze verleihen Frische. Damit das Gericht noch herzhafter wird, fügen Sie eine gebratene Hähnchenbrust oder Lachs hinzu.

Nordafrikanischer Bulgursalat mit gegrilltem Gemüse

Für 4 Personen

- 8–10 Spargelstangen, geputzt
- 2 Zucchini, quer in 5 mm dicke Scheiben geschnitten
- 1 TL Olivenöl
- 280 g feinkörniger Bulgur
- 3 EL natives Olivenöl extra
- 2 TL fein abgeriebene Schale einer unbehandelten Zitrone
- 2 EL frischer Zitronensaft
- 2 TL gemahlener Cumin
- 1/2 TL gemahlene Kurkuma
- 1/2 TL Kardamomsamen, zerstoßen
- Meersalz und frisch gemahlener Pfeffer
- 220 g Kichererbsen (gekocht oder aus der Dose), abgegossen
- 2 Frühlingszwiebeln, weiße und zarte grüne Teile, in feine Ringe geschnitten
- 30 frische Minzeblätter, gehackt
- 2 EL gehackte glatte Petersilie

Einen Grill auf mittlere Temperatur vorheizen und Grillrost einölen.

Spargel und Zucchini in eine hitzefeste Schüssel geben, kochendes Wasser darübergießen und für 2 Minuten stehen lassen, sodass das Gemüse ein bisschen weich wird. Abgießen und leicht abkühlen lassen, dann 1 TL Olivenöl hinzufügen und schwenken. Wenn der Grill die gewünschte Temperatur erreicht hat, Bulgur in eine hitzefeste Schüssel geben und mit reichlich kochendem Wasser begießen. 10 Minuten quellen lassen. Währenddessen Spargel und Zucchini 4–5 Minuten grillen, bis das Gemüse gleichmäßig goldbraun und knusprig zart ist. Auf ein Schneidebrett geben und abkühlen lassen. Spargel quer dritteln.

In einem Topf aus Edelstahl oder mit Keramikbeschichtung das Native Olivenöl Extra, Zitronenschale und -saft, Cumin, Kurkuma und Kardamom verrühren und die Vinaigrette mit 1 TL Salz und geriebenem Pfeffer abschmecken. Kichererbsen dazugeben und bei mittlerer Temperatur einige Minuten unter gelegentlichem Rühren erwärmen.

Bulgur abgießen. Das Grillgemüse, Bulgur, Frühlingszwiebeln, Minze, Petersilie und Kichererbsen mit der Vinaigrette in eine große Servierschüssel geben und schwenken, damit alles gut vermengt ist. Warm oder bei Raumtemperatur servieren.

Die pfeffrige Wasserkresse ist ein guter Kontrast zum süßen, erdigen Geschmack der Bete. Sie können auch zwei verschiedenfarbige Sorten verwenden oder Chioggia-Bete, wenn Sie welche bekommen. Für den besten Geschmack und einen knallgelben Dotter besorgen Sie Ihre Eier beim nächsten Bauernhof.

Bete-Kresse-Salat mit Eiern vom Bauernhof

Für 4 Personen

- 750–875 g Baby-Bete-Knollen
- 6–8 große Bio-Eier
- Meersalz und frisch gemahlener Pfeffer
- 3 EL natives Olivenöl extra
- 2 EL Champagneressig
- 2 EL frischer Orangensaft
- 1 TL fein abgeriebene Schale von einer unbehandelten Orange
- 125 g Brunnenkresse, harte Stiele entfernt, in mundgerechte Stücke gezupft

Backofen auf 200 °C vorheizen.

Wurzelfortsatz und Strünke von den Bete-Knollen entfernen und in Alufolie wickeln, dabei für jede Farbe ein eigenes Paket machen. 45 Minuten bis 1 Stunde backen, bis die Rüben leicht mit einem scharfen Messer einzustechen sind. Auswickeln und abkühlen lassen. Rüben vorsichtig mit den Fingern oder einem Gemüsemesser vierteln und in eine kleine Schüssel legen.

Eier mit ausreichend Wasser in einen Topf geben. Bei mittlerer bis hoher Temperatur aufkochen lassen. Topf vom Herd nehmen, zudecken und stehen lassen, etwa 10 Minuten für leicht flüssige Dotter und bis zu 14 Minuten für harte Dotter. Eier abgießen, dann etwa 2 Minuten in eine Schüssel mit Eiswasser geben, damit sie etwas abkühlen. Eier schälen und der Länge nach vierteln. Jedes Viertel mit etwas Salz und Pfeffer bestreuen.

In einer großen Schüssel Öl, Essig, Orangensaft und -schale sowie ½ TL Salz zu einem Dressing verrühren. Die Hälfte des Dressings über die Rüben gießen und vermengen, damit alles bedeckt ist. In einer weiteren großen Schüssel Brunnenkresse und das restliche Dressing geben und gut schwenken.

Brunnenkresse auf Tellern oder einer großen Servierplatte anhäufen und darauf die Rüben legen. Die Eispalten um die Rüben drapieren und mit restlichem Dressing aus der Brunnenkresse-Schüssel beträufeln. Noch ein wenig Pfeffer darübermahlen und sofort servieren.

Gesundes Grundnahrungsmittel für die kalte Jahreszeit

Winterkürbisse gibt es in allen Formen und Farben. Unter ihrer bunten, harten Schale verbirgt sich dickes Fruchtfleisch, das reich an Vitamin A, Folsäure, Carotin und Carotinoiden ist. Viele sind auch ein guter Ballaststoff-Lieferant. Das Fleisch kann hart oder locker sein, oder feucht und faserig und es kann nussig, süß oder gemüsig schmecken.

Winterkürbisse sind erstaunlich vielfältig. Sie machen sich gut in einem warmen Salat, der mit frischen Kräutern bestreut ist, als Beilage für einen Festtagsschmaus oder als gesunde Alternative zu Kartoffelbrei. In dünne Streifen geschnitten kann er sogar die Nudeln bei Ihrem liebsten Pastagericht ersetzen.

Viererlei vom Winterkürbis

Warmer Kürbissalat

Einen kleinen Butternusskürbis schälen und in Würfel schneiden. Mit 1 EL Olivenöl beträufeln, Salz und frisch gemahlenem Pfeffer darüberstreuen und die Würfel nebeneinander auf ein Backblech legen. Im Backofen bei 200 °C 20–30 Minuten backen, bis der Kürbis weich ist. In einer Schüssel 2 EL natives Olivenöl extra, 2 EL Rotweinessig, ½ kleine rote Zwiebel, gewürfelt; 1 kleine Knoblauchzehe, gehackt und ¼ TL Chiliflocken verrühren und mit Salz abschmecken. Die Mischung über den Kürbis gießen und schwenken, sodass alles damit bedeckt ist. Auf einer Servierplatte anrichten, mit 2 EL frischen zerzupften Minzeblättern garnieren und sofort servieren. Ergibt 4 Portionen.

Mit Ahornsirup glasierter Eichelkürbis

Zwei kleine Eichelkürbisse längs halbieren und die Kerne mit einem Löffel herauskratzen. Die Kürbishälften quer in 1 cm dicke Spalten schneiden. Diese mit Salz und Pfeffer abschmecken und nebeneinander auf ein geöltes Backblech legen. Im Backofen bei 200 °C für 10 Minuten backen. Währenddessen in einem kleinen Topf 1 EL Butter mit 2 EL Ahornsirup, 1 EL gehacktem frischem Thymian, und 2 TL fein abgeriebener Schale von einer unbehandelten Orange schmelzen. Kürbis mit der Sirup-Mischung bestreichen und weitere 10–15 Minuten backen, bis er weich ist. Sofort servieren. Ergibt 4 Portionen.

Kürbis-Spaghetti

Einen Spaghettikürbis (etwa 2 kg) der Länge nach halbieren, mit Olivenöl bestreichen und mit der Schnittseite nach unten auf ein tiefes Backblech legen. Bei 200 °C 40–45 Minuten im Backofen backen, bis der Kürbis weich ist. Etwas abkühlen lassen, dann mit einer Gabel das Fruchtfleisch in langen, an Spaghetti erinnernden Fäden herauskratzen. Mit der erwärmten Lieblingstomatensauce und mit gehacktem Basilikum und frisch geriebenem Parmesan bestreuen. Wie die Lieblingspasta genießen. Ergibt 4 Portionen.

Winterkürbis-Birnen-Püree mit Ingwer

Einen kleinen Butternusskürbis, wie beim Kürbissalat oben, gemeinsam mit zwei geschälten, halbierten und entkernten Anjou- oder Boscs Flaschenbirnen backen, bis beides weich ist. In einem Mixer mit 1 EL Butter und einem 1 cm langen frischen Ingwerstück, geschält und gehackt, pürieren. Nach Bedarf vor dem Servieren erwärmen. Ergibt 4 Portionen.

Gegrillte Paprikaschoten und getrocknete Früchte setzen bei diesem vegetarischen Abendessen bunte und süße Akzente, während geröstete Pistazien für knackigen Biss sorgen. Granatapfelsirup finden Sie in Feinkostläden oder in türkischen Supermärkten.

Bulgur-Salat mit Paprika, Kichererbsen & Pistazien

Für 6 Personen

280 g mittelkörniger Bulgur

560 ml salzarme Gemüsebrühe

60 ml frischer Zitronensaft

60 ml Granatapfelsirup

2 TL Zucker

Meersalz und frisch gemahlener Pfeffer

6 EL (90 ml) natives Olivenöl extra

1 Dose (485 g) Kichererbsen, abgetropft und gewaschen

2 große rote Paprikaschoten

90 g geschälte geröstete Pistazienkerne, nochmals geröstet

20 g gehackte frische glatte Petersilie oder Koriandergrün

125 g getrocknete Sauerkirschen, grob gehackt

Bulgur in eine große hitzefeste Schüssel geben. Brühe in einem Topf zum Kochen bringen, dann die kochende Brühe über den Bulgur gießen und zugedeckt etwa 30 Minuten stehen lassen, bis der Bulgur die Flüssigkeit aufgenommen hat.

In einer kleinen Glas- oder Edelstahlschüssel Zitronensaft, Granatapfelsirup, Zucker, 1½ TL Salz und etwas Pfeffer verquirlen, bis sich der Zucker auflöst. Langsam Olivenöl für das Dressing unterrühren. Nochmals abschmecken. In einer kleinen Schüssel Kichererbsen ½ TL Salz vermengen. Dressing noch einmal verquirlen, damit es emulgiert. Mit den Kichererbsen zum Bulgur geben und alles gut vermengen. Zugedeckt für 2 Stunden in den Kühlschrank geben.

Den Backofengrill vorheizen. Paprikaschoten auf ein tiefes Backblech geben und auf der obersten Schiene in den Backofen schieben. Unter gelegentlichem Wenden etwa 10 Minuten grillen, bis die Haut auf allen Seiten schwarz und blasig ist. In eine Schüssel geben und 15 Minuten abkühlen lassen. Haut, Strünke und Samen entfernen, das Fleisch in kleine Würfel schneiden.

Vor dem Servieren in einer kleinen Schüssel Pistazien und eine Prise Salz vermischen. Pistazien, gegrillte Paprika, Petersilie und Kirschen zum Bulgur geben und alles gut vermengen. Nochmals abschmecken. Salat in Schüsseln oder auf Tellern anrichten. Sofort servieren.

Das Trio Frühlingszwiebel, Petersilie und Minze verleiht diesem sommerlichen Salat gemeinsam mit saftigem Gemüse eine tolle grüne Farbe und einen intensiven Kräutergeschmack. Anders als im inspirierenden nahöstlichen Taboulé basiert der Salat auf eiweißreicher Quinoa statt traditionellem Bulgur.

Quinoa mit Tomaten, Gurke & frischen Kräutern

Für 4 Personen

375 g Quinoa

750 ml salzarme Hühner- oder Gemüsebrühe

Meersalz und frisch gemahlener Pfeffer

2 große unbehandelte Zitronen

2 Knoblauchzehen, fein gehackt

1 EL Granatapfelsirup

1 TL Zucker

125 ml natives Olivenöl extra

2 reife große Tomaten, entkernt und gewürfelt

1/2 große Salatgurke, gewürfelt

4 Frühlingszwiebeln, weiße und zarte grüne Teile, in dünne Ringe geschnitten

10 g frische glatte Petersilie, grob gehackt

10 g frische Minze, grob gehackt

Quinoa in ein feinmaschiges Sieb geben. Unter fließendem kalten Wasser gut abspülen und abtropfen lassen. In einem Topf die Brühe bei hoher Temperatur aufkochen lassen. Quinoa und 1/4 TL Salz hinzufügen, einmal umrühren und auf niedrige Temperatur reduzieren. Zugedeckt ohne Rühren etwa 15 Minuten köcheln lassen, bis die Quinoa das Wasser aufgenommen hat und weich ist. Mit einer Gabel auflockern und in eine große Schüssel füllen.

Die Schale einer Zitrone fein abreiben und dann beide Zitronen halbieren und auspressen, bis der Saft 5 EL ergibt. In einer kleinen Glas- oder Edelstahlschüssel Zitronensaft und -schale, Knoblauch, Granatapfelsirup, Zucker, 1/2 TL Salz und etwas Pfeffer verquirlen, bis sich der Zucker auflöst. Langsam das Öl unterrühren, sodass ein Dressing entsteht. Abschmecken. Etwa drei Viertel des Dressings zur Quinoa geben und alles gut vermengen.

In einer kleinen Schüssel Tomaten mit 1/4 TL Salz schwenken und etwa 5 Minuten stehen lassen, bis sie Saft abgeben. Dann in einem Sieb über einer zweiten Schüssel abtropfen lassen. Gurke mit den Frühlingszwiebeln und dem übrigen Dressing in die erste Schüssel geben. Gut schwenken, dann die Gurken-Mischung zu den Tomaten ins Sieb gießen und abtropfen. Abgetropfte Tomaten-Gurken-Mischung mit der Petersilie und der Minze zur Quinoa geben und vorsichtig umrühren, bis alles gut durchgemischt ist. Abschmecken und sofort servieren.

Das Karamellisieren beim Grillen bringt die Süße des Blumenkohls so richtig zur Geltung. Kombinieren Sie den tollen Geschmack in diesem pikanten, sizilianischen Gericht mit Vollkornpasta, Kapern und frischen Kräutern, und servieren Sie es mit Bröseln und nussigem Parmesan.

Vollkornpenne mit pikant gegrilltem Blumenkohl

Für 4–6 Personen

- 4 Scheiben (jede etwa 1 cm dick) rustikales Vollkornbrot
- 2 Knoblauchzehen, geschält aber im Ganzen
- 2 Köpfe (à etwa1 kg) Blumenkohl
- 3 EL Olivenöl
- Meersalz
- 375 g Vollkornpenne
- 60 ml frischer Zitronensaft
- 10 g frische glatte Petersilie, gehackt
- 3 EL Kapern, abgetropft
- 1 TL Chiliflocken
- 30 g frisch geriebener Parmesan

Backofen auf 150 °C vorheizen.

Brotscheiben auf ein Backblech legen und etwa 30 Minuten rösten, bis das Brot knusprig und trocken ist. Auf jeder Seite mit einer der Knoblauchzehen einreiben und in Stücke reißen. Die Stücke in eine Küchenmaschine geben und zu groben Bröseln verarbeiten. Temperatur des Backofens auf 200 °C erhöhen.

Jeden Blumenkohl vierteln. Blätter und Strünke entfernen und Blumenkohl in etwa 0,5–1 cm dicke Scheiben schneiden. Den restlichen Knoblauch fein hacken. Blumenkohl in eine große Auflaufform geben, mit dem Olivenöl beträufeln, mit Knoblauch und ½ TL Salz bestreuen und vorsichtig vermengen. Im Backofen 20 Minuten braten, dabei einmal nach 10 Minuten wenden, bis die Röschen goldbraun und bei der Garprobe mit einer Gabel weich sind.

Währenddessen einen großen Topf zu drei Vierteln mit gesalzenem Wasser füllen und zum Kochen bringen. Penne in das kochende Wasser geben und etwa 12 Minuten bzw. nach Packungsanweisung garen, bis sie *al dente* sind. Abgießen, dabei 125 ml des Kochwassers auffangen. Nudeln wieder in den Topf geben und den Blumenkohl, Zitronensaft, Petersilie, Kapern, Chiliflocken und das aufgefangene Kochwasser hinzufügen. Schwenken, damit sich alles gut vermischt. Zum Schluss das Brot und den Käse untermengen und sofort servieren.

Dieser Salat ist so gut für Ihr Herz wie kein anderer. Er eignet sich perfekt für ein leichtes Mittag- oder Abendessen, ist schnell und einfach vorzubereiten: Der Lachs, die Kartoffeln und der Spargel können bis zu einem Tag im Voraus vorbereitet werden. Vor dem Servieren dann nur mehr das Dressing hinzufügen.

Salat mit Lachs, Kartoffeln & Spargel

Für 4 Personen

- 500 g Wildlachsfilet
- Meersalz und frisch gemahlener Pfeffer
- 500 g kleine rotschalige Kartoffeln, geputzt
- 375 g Spargel, geputzt und in 2,5 cm lange Stücke geschnitten
- 315 g gemischte junge Blattsalate
- Tomaten-Vinaigrette (Seite 218)
- 3 Frühlingszwiebeln, weiße und zarte grüne Teile, in dünne Ringe geschnitten

Backofen auf 200 °C vorheizen

Lachfilets großzügig mit Salz und Peffer würzen. In eine Auflaufform geben und 10–12 Minuten im Backofen braten (für die Garprobe mit einer Gabel ein Filet ein wenig teilen, es soll in der Mitte noch leicht glasig sein). Lachs auf einen Teller geben und abkühlen lassen.

Währenddessen Kartoffeln in einen Topf geben und mit Wasser bedecken. Bei hoher Temperatur aufkochen lassen, auf niedrige bis mittlere Temperatur reduzieren und etwa 15 Minuten köcheln lassen, bis die Kartoffeln bei der Garprobe mit einem Messer weich sind. Abgießen, abkühlen lassen, dann schälen und in 1 cm dicke Scheiben schneiden.

In einem großen Topf mit Dämpfeinsatz etwas Wasser (ca. 2,5 cm hoch) aufkochen lassen. Den Spargel in den Dämpfeinsatz geben, gleichmäßig verteilen und zugedeckt etwa 3 Minuten dämpfen, bis er gar, aber noch bissfest ist. Dämpfeinsatz vom Topf nehmen und Spargel unter fließendem kalten Wasser abspülen, bis er abgekühlt ist. Trocken tupfen.

Lachs in 2,5 cm dicke Scheiben schneiden.

In einer großen Schüssel die Blattsalate in 2 EL der Vinaigrette schwenken. Spargel und Kartoffeln mit der übrigen Vinaigrette vermengen, Frühlingszwiebeln hinzufügen und vorsichtig schwenken. Lachsstücke hinzugeben und nochmals vorsichtig schwenken, damit sich alles gut vermischt. Sofort bei Raumtemperatur servieren.

Hier glänzen eiweiß- und ballaststoffreiche braune Linsen neben gebratenen Karotten, gebratenen Zwiebeln und erdigem Kohl in einem Salat, der an Farbe, Textur und Geschmack nicht zu überbieten ist. Nur ein wenig knuspriger Prosciutto sorgt für eine herzhafte, fleischige Note, ohne dabei den Fettgehalt enorm zu steigern.

Warmer Linsen-Kohl-Salat

Für 6 Personen

- 1 EL Olivenöl
- 4 Karotten, geschält und gewürfelt
- 1 große rote Zwiebel, in dünne Ringe geschnitten
- Meersalz und frisch gemahlener Pfeffer
- Blätter von 1 großen Bund Palmkohl, in dünne Streifen geschnitten
- 220 g braune Linsen, ausgelesen und gewaschen
- 2 frische Thymianzweige
- 4 große Knoblauchzehen
- 1 l salzarme Hühnerbrühe
- 6 dünne Scheiben Proscuitto
- 1 TL Sherryessig

In einem großen Topf das Olivenöl bei mittlerer Temperatur erhitzen. Karotten und Zwiebel, ¼ TL Salz und etwas Pfeffer hinzufügen und etwa 15 Minuten anschwitzen, bis die Zwiebel sehr weich und leicht karamellisiert ist. Die Kohlblätter in den Topf geben und unter gelegentlichem Rühren etwa 6 Minuten weich garen. Alles in eine Schüssel geben und beiseitestellen. Den Topf mit Küchenpapier auswischen.

In denselben Topf die Linsen, Thymian, Knoblauch, Hühnerbrühe, ½ TL Salz und ¼ TL Pfeffer geben und bei hoher Temperatur aufkochen lassen. Auf mittlere Hitze reduzieren und 15–20 Minuten ohne Deckel köcheln lassen, bis die Linsen gar, aber noch bissfest sind.

Währenddessen in einer Bratpfanne den Prosciutto etwa 7 Minuten bei mittlerer Temperatur knusprig und goldbraun braten. Abkühlen lassen, dann in kleine Stücke brechen.

Die Linsen in einem Sieb abtropfen lassen, Thymian und Knoblauch entfernen und die Linsen wieder in den Topf geben. Die Kohl-Mischung, Essig und ½ TL Salz unterrühren. Abschmecken. Linsen-Mischung in eine Servierschüssel füllen. Mit dem Proscuitto garnieren und sofort servieren.

Eines der gesündesten Nahrungsmittel

Unter den Kreuzblütlern schlägt der Grünkohl den Brokkoli nicht nur beim Beta-Carotin- und Carotinoid-Gehalt, sondern auch bei Vitamin A und Kalzium. Der Grünkohl ist die bekannteste Sorte. Der russische Kohl mit den muschelförmigen Blatträndern ist zarter und milder im Geschmack. Palmkohl, auch als Schwarzkohl oder *Cavolo nero* bekannt, schmilzt beinahe auf der Zunge und ist ebenfalls sehr mild im Geschmack.

Es gibt zahlreiche Möglichkeiten, den Gesundheitsturbo Grünkohl einzusetzen, zum Beispiel in einem nahrhaften Frühstücks-Smoothie, als facettenreiche und einfach zuzubereitende Beilage, in eine Frittata oder Pastasauce gerührt oder als knusprige, sättigende Chips, bei denen man jederzeit zugreifen kann.

Viererlei vom Grünkohl

Grüner Smoothie

Mit einem Hochleistungsmixer oder einem Entsafter (am besten ein nichtzentrifugierender) einen Bund gewaschenen Kohl pürieren bzw. entsaften. Diesen Saft zum Lieblings-Smoothie, am besten mit Obst, geben, um gesund in den Tag zu starten. Oder folgende Zutaten entsaften: eine Birne, einen Apfel, einen Bund Grünkohl und 20 g gehackte frische glatte Petersilie. Mit 125 g Eiswürfeln und 125 ml Wasser in einem Mixer pürieren und servieren. Für 4 Personen.

Geschmorter Knoblauch-Grünkohl

Stiele und harte Adern von einem Bund Grünkohl entfernen. Blätter auf einem Schneidebrett aufeinanderlegen, der Länge nach einrollen, dann quer in dünne Streifen schneiden. Blätter gut waschen und abtropfen lassen. In einer großen Bratpfanne Olivenöl bei mittlerer bis hoher Temperatur erhitzen und ein bis zwei gehackte Knoblauchzehen und ¼ TL Chiliflocken darin etwa 1 Minute anschwitzen, dann den Kohl hinzufügen und gut umrühren. Einen Spritzer Wasser in die Pfanne geben und zugedeckt etwa 5 Minuten garen lassen, bis der Kohl zart ist. Nach Bedarf mehr Wasser hinzufügen. Für 2 bis 3 Personen als Beilage.

Frittata oder Pasta mit Blattgemüse

Geschmorten Knoblauch-Grünkohl wie oben angegeben vorbereiten. Dann zu einem Frittata-Rezept nach Wahl (1 Bund Grünkohl reicht für eine Frittata mit sechs Eiern) hinzufügen oder damit eine Nudelsauce aufpeppen (1 Bund Grünkohl reicht für 275 g ungekochte Pasta).

Rauchige Grünkohl-Chips

Die Blätter von den Stielen und Adern von einem Bund gewaschenem und trocken getupftem Palmkohl in recht große Stücke zupfen, dann in etwa 2 EL Olivenöl, ½ TL geräuchertem spanischen Paprikapulver und etwa ½ TL Salz schwenken. Blätter nebeneinander in einer Schicht auf ein Backblech (oder mehrere) legen und bei 150 °C im Backofen etwa 30 Minuten trocken und knusprig backen. Für 2 Personen (als Snack).

Wildlachs ist einer der besten Omega-3-Fett-Lieferanten, die Sie finden können. Als vielseitiger Fisch passt er zu jeder Salsa auf Obstbasis, so auch zu der Melonensalsa in diesem Rezept. Sie können die Melone durch andere exotische Früchte wie Mango oder Ananas ersetzen, ganz wie es Ihnen am besten schmeckt.

Gegrillter Lachs mit pikanter Melonen-Salsa

Für 4 Personen

je 90 g Honig-, Zucker- und Wassermelone, fein gewürfelt

1 Chilischote, vorzugsweise *Serrano*, entkernt und gehackt

2 EL grob gehacktes Koriandergrün

1 EL Honig

2 TL abgeriebene Schale einer unbehandelten Limette

1 TL frischer Limettensaft, oder mehr nach Geschmack

Salz und frisch gemahlener Pfeffer

750 g Wildlachsfilet, ohne Haut

Traubenkernöl zum Fetten, plus 1 EL für den Lachs

In einer Schüssel Melonen, Chilischote, Koriander, Honig, Limettenschale und -saft mit einer großzügigen Prise Salz und Pfeffer vermischen. Bei Raumtemperatur 15–30 Minuten ziehen lassen, damit sich die Aromen voll entfalten und verbinden können. Danach nach Belieben mit mehr Limettensaft, Salz oder Pfeffer abschmecken. Beiseitestellen.

Grill auf mittlere bis hohe Temperatur vorheizen und den Grillrost leicht einölen. (Alternative: Eine Grillpfanne auf der Herdplatte erhitzen und mit Öl ausstreichen.)

Lachs von allen Seiten mit Salz und Pfeffer bestreuen und mit 1 EL Öl bestreichen. Lachs auf den Rost bzw. in die Pfanne legen und 3–4 Minuten grillen, bis sich auf der unteren Seite ein schönes Grillmuster abzeichnet. Wenden und nochmals 3–4 Minuten grillen, bis er auch auf der zweiten Seite gebräunt ist und die gewünschte Garstufe erreicht hat.

Lachs auf einer Servierplatte anrichten und mit der Melonen-Salsa servieren.

Die Zubereitungsart in diesem Rezept ist vielleicht ein wenig ungewöhnlich, aber sie erleichtert die Arbeit ungemein, da man nur eine einzige Auflaufform benötigt. Darin verwandeln sich Vitamin-C-reiche Nektarinen in ein duftendes Chutney und der Fisch wird auf den Punkt gegart.

Heilbutt auf Nektarinen-Chutney

Für 4 Personen

5 reife gelbfleischige Nektarinen, halbiert, entkernt und in grobe Stücke geschnitten

1 EL Olivenöl, plus etwas mehr zum Bestreichen

45 g Sultaninen

2 EL gehackte rote Zwiebel

1 TL frischer Zitronensaft

1 TL brauner Zucker

1 TL geschälter und geriebener frischer Ingwer

4 Heilbuttfilets, à etwa 155 g

Meersalz und frisch gemahlener Pfeffer,

glatte Petersilie, frisch gehackt, für die Garnierung

Backofen auf 200 °C vorheizen.

Die Nektarinen, 1 EL Olivenöl, Sultaninen, Zwiebel, Zitronensaft, braunen Zucker und Ingwer in eine Auflaufform geben. Gut vermengen und dann gleichmäßig in der Form verteilen.

Die Fischfilets mit Olivenöl bestreichen und auf beiden Seiten mit Salz und Peffer bestreuen. Filets auf die Nektarinenmischung legen und 15–20 Minuten backen, bis das Obst weich und der Fisch gar ist (für die Garprobe mit einer Gabel e n Filet ein wenig teilen, es soll in der Mitte noch leicht glasig sein).

Jeweils ein Fischfilet auf einem angewärmten Teller platzieren, einen Löffel Chutney darauf verteilen und mit Petersilie bestreuen. Servieren und das restliche Chutney auf den Tisch stellen.

Gebratener Fisch ist immer eine gesunde Wahl. Der Seeteufel ist ein seidiger, saftiger Fisch, der sich gut kombinieren lässt. Das knallige Karottenpüree in Verbindung mit dem Geschmack von anisähnlichem Estragon ist ein innovativer und nahrhafter Ersatz für Kartoffelpüree.

Gebratener Seeteufel mit Karotten-Estragon-Püree

Für 4 Personen

4 Karotten, geschält und in 2,5 cm dicke Stücke geschnitten

Meersalz und frisch gemahlener Pfeffer

2 EL salzarme Hühnerbrüche

2 EL fettarmer griechischer Joghurt

3 TL gehackter frischer Estragon

Olivenöl zum Fetten

4 Seeteufelfilets, à etwa 185 g und 2,5 cm dick

Backofen auf 200 °C vorheizen.

Karotten und ausreichend Wasser sowie 1 TL Salz in einen Topf geben und bei hoher Temperatur aufkochen lassen. Zudecken, auf mittlere Temperatur reduzieren und 15–20 Minuten stark köcheln lassen, bis die Karotten sehr weich sind. Karotten abgießen und in einen Mixer oder in eine Küchenmaschine geben. Hühnerbrühe, Joghurt und 1 TL Estragon hinzufügen und alles zu einem glatten Püree verarbeiten. Wieder zurück in den Topf geben und abschmecken.

Eine Auflaufform, die gerade groß genug ist, um die Fischfilets nebeneinander hineinzulegen, leicht fetten. Fischfilets mit Olivenöl bestreichen, dann beide Seiten großzügig salzen und pfeffern. In die vorbereitete Auflaufform legen und 15–20 Minuten im Backofen braten, bis der Fisch gar ist (für die Garprobe mit einer Gabel ein Filet ein wenig teilen, es soll in der Mitte noch leicht glasig sein).

Das Karotten-Estragon-Püree bei niedriger Temperatur sanft erwärmen, dann auf vorgewärmte Teller verteilen und jeweils ein Fischfilet darauflegen. Mit dem restlichen Estragon bestreuen und sofort servieren.

In diesem von der sizilianischen Küche mit ihren typischen süß-sauren Aromen inspirierten Gericht sind fast alle Zutaten Superfoods. Für ein herzhafteres Gericht reichen Sie dazu gedämpften Naturreis oder Ihre Lieblingspasta.

Garnelen sizilianische Art mit Blumenkohl & Mandeln

Für 4 Personen

- 90 g Sultaninen
- 185 g Blumenkohlröschen
- 2 EL Olivenöl
- $1\frac{1}{2}$ gelbe Zwiebel, gehackt
- 2 Knoblauchzehen, fein gehackt
- 185 g reife gelbe oder rote Tomaten, gewürfelt
- 375 g kleine Garnelen, geschält und entdarmt
- 4 Sardellenfilets, gewaschen und trocken getupft
- 125 ml salzarme Hühnerbrühe
- 1 TL getrocknetes Basilikum
- 1 Prise Chiliflocken
- 30 g Mandelblätter, geröstet

Sultaninen in eine kleine Schüssel geben und mit warmem Wasser bedecken. Etwa 20 Minuten stehen lassen, bis sie sich vollgesogen haben.

In einem großen Topf mit Dämpfeinsatz ein wenig Wasser (etwa 2,5 cm hoch) zum Kochen bringen. Blumenkohl in den Dämpfeinsatz geben, gleichmäßig verteilen und zugedeckt etwa 5 Minuten dämpfen, bis der Blumenkohl zart, aber noch ein wenig bissfest ist. Topf vom Herd nehmen, Dämpfeinsatz vom Topf nehmen und beiseitestellen. Sultaninen abgießen.

Das Olivenöl in einer Pfanne bei mittlerer bis hoher Temperatur erhitzen. Zwiebel darin 8–10 Minuten anschwitzen, bis sie etwas Farbe angenommen haben. Knoblauch und Tomaten hinzufügen und unter gelegentlichem Rühren etwa 5 Minuten garen, bis die Tomaten zusammenfallen. Garnelen dazugeben und etwa 3 Minuten braten, bis sie hellrosa sind. Sardellen hinzufügen und mit einem Holzlöffel so lange zerdrücken, bis sie cremig sind. Dann Blumenkohl, Sultaninen, Hühnerbrüche, Basilikum und Chiliflocken in die Pfanne geben. Auf mittlere Temperatur reduzieren und nochmals etwa 3 Minuten garen lassen, bis die Garnelen nicht mehr glasig sind.

Vom Herd nehmen und die Mandeln untermengen. Auf einer vorgewärmten Servierplatte anrichten und sofort servieren.

Das Rezept funktioniert mit allen Paprikafarben, aber für das meiste Vitamin C und Beta-Carotin wählen Sie rote, orange oder gelbe Paprikaschoten. Wenn es gerade keine frischen Ananas gibt, können Sie sie durch Mango oder Melone ersetzen. Mit der doppelten Zutatenmenge eignet sich das Gericht auch für größere Runden.

Garnelen-Tacos mit Ananas-Salsa

Für 4 Personen

- 1 kleine Ananas (etwa1 kg), geschält, entstrunkt und gewürfelt
- 1/2 rote Zwiebel, fein gehackt
- 1/2 rote Paprikaschote, entkernt und fein gewürfelt
- 1 kleine Salatgurke, geschält, entkernt und gewürfelt
- 1/2 Jalapeño-Schote, entkernt und fein gehackt
- 20 g frisches Koriandergrün, gehackt
- 2 EL frischer Limettensaft
- 2 EL natives Olivenöl extra
- Meersalz und frisch gemahlener Pfeffer
- Traubenkern- oder Rapsöl für den Grill, plus 2 EL für die Garnelen
- 500 g mittelgroße Garnelen, geschält und entdarmt
- 1/2 TL Chipotle-Chilipulver
- 1 kleine Knoblauchzehe, gehackt
- 8 kleine Maistortillas (15 cm Durchmesser)

In einer großen Schüssel Ananas, Zwiebel, Paprikaschote, Gurke, Jalapeño-Schote und Koriander vermischen. Limettensaft und Olivenöl hinzufügen, mit Salz und Pfeffer würzen und alles gut vermengen. Zugedeckt in den Kühlschrank stellen.

Grill auf mittlere bis hohe Temperatur vorheizen. Einen Grillrost mit Öl bestreichen. Die Garnelen auf lange Metallspieße stecken. In einer kleinen Schüssel 2 EL Traubenkernöl, Chilipulver und Knoblauch verrühren. Die Garnelen mit einem Teil dieser Mischung bestreichen.

Mit einer Grillzange die Garnelen über die heißeste Stelle auf dem Grill platzieren und etwa 2 Minuten grillen, bis sie auf der unteren Seite hellrosa sind. Wenden und nochmals etwa 2 Minuten grillen, bis sie auch auf der zweiten Seite hellrosa sind. Die Garnelen sollten bei Berührung an der dicksten Stelle fest sein. Von den Spießen lösen und auf einen Teller legen.

Die Tortillas mit der restlichen Öl-Chili-Mischung bestreichen und auf die heißeste Stelle auf dem Grill legen. Etwa 1 Minute grillen, bis sie aufgehen. Mit der Grillzange wenden und nochmals etwa 1 Minute grillen, bis auch die zweite Seite aufgeht.

Jeweils eine Tortilla auf einen vorgewärmten Teller geben. Die Garnelen in die Mitte der Tortillas setzen und jede Portion mit einem großen Klecks Salsa garnieren. Sofort servieren und die restliche Salsa dazu reichen.

In diesem Getreidesalat bilden die süß-sauren getrockneten Cranberrys einen tollen Kontrast zur geräucherten Putenbrust und dem erdigen Butternusskürbis. Der nussige Dinkel bietet dafür die perfekte Unterlage und alle Vorteile von Vollkorn.

Dinkelsalat mit Pute, Kürbis & getrockneten Cranberrys

Für 6 Personen

- 250 g schnellkochender Dinkel
- 1 l salzarme Hühnerbrüche
- Meersalz und frisch gemahlener Pfeffer
- 1 kleiner Butternusskürbis (1 kg)
- 8 EL (250 ml) natives Olivenöl extra
- 60 ml frischer Zitronensaft
- 1 TL Honig
- 1 EL gehackte frische glatte Petersilie
- 185 g geräucherte Putenbrust, in 1 cm große Würfel geschnitten
- 90 g gesüßte getrocknete Cranberrys
- 3 Frühlingszwiebeln, weiße und zarte grüne Teile, in feine Ringe geschnitten

Dinkel verlesen, da kleine Steine darunter sein könnten. Unter laufendem kalten Wasser gut waschen und abtropfen lassen. Den Dinkel, die Hühnerbrühe und 1 TL Salz in einen Topf geben und bei hoher Temperatur aufkochen lassen. Auf niedrige bis mittlere Temperatur reduzieren und etwa 30 Minuten sanft ohne Deckel köcheln lassen, bis der Dinkel die ganze Flüssigkeit aufgenommen hat und zart ist. Den Dinkel in eine große Schüssel geben und auf Raumtemperatur abkühlen lassen.

Währenddessen den Backofen auf 200 °C vorheizen. Mit einem scharfen, schweren Messer den Strunk vom Kürbis trennen und ihn dann längs halbieren. Die Kerne mit einem Löffel auskratzen und entfernen. Die Schale ebenfalls entfernen und das Fruchtfleisch in 1 cm große Würfel schneiden. (Das sollte etwa 750 g ergeben.) Die Kürbiswürfel auf einem tiefen Backblech mit 2 EL Olivenöl, 1 gehäuften TL Salz und einer großzügigen Prise Pfeffer gut vermischen. Dann gleichmäßig verteilen und etwa 12 Minuten im Backofen backen, bis der Kürbis zart, aber noch ein wenig bissfest ist. Abkühlen lassen.

In einer kleinen Glas- oder Edelstahlschüssel Zitronensaft, Honig, Petersilie, ¼ TL Salz und etwas Pfeffer verrühren. Langsam die restlichen 6 EL Olivenöl für das Dressing unterrühren. Abschmecken.

Dressing, Kürbis, Pute, Cranberrys und Frühlingszwiebeln zum abgekühlten Dinkel geben und gut vermengen. Sofort servieren.

Diese spielerische Taco-Variante beginnt mit einer schmackhaften asiatischen Hähnchen-Gemüse-Pfanne und ersetzt dann die Tortillas durch knackigen, frischen Römersalat. Gehackte Cashewkerne verleihen dem Salat eine knusprige Note und der Koriander sorgt für einen Frische-Kick.

Cashew-Hähnchen in Salat-Tacos

Für 4 Personen

- 2 Römersalatherzen
- 60 ml salzarme Hühnerbrühe
- 2 EL Hoisin-Sauce
- 1 EL salzarme Sojasauce
- 1 TL Reisessig
- 1/4 TL asiatisches Sesamöl
- 1 EL Speisestärke
- 2 EL Traubenkern- oder Rapsöl
- 375 g Hähnchenbrust, ohne Haut und Knochen, in 1 cm große Würfel geschnitten
- 3 Knoblauchzehen, gehackt
- 1 mittelgroße grüne Paprikaschote, entkernt und gewürfelt
- 1 große rote Paprikaschote, entkernt und gewürfelt
- 4 Frühlingszwiebeln, weiße und zarte grüne Teile, in Ringe geschnitten
- 1 Jalapeño-Schote, in feine Ringe geschnitten
- 60 g rohe Cashewkerne, grob gehackt
- Koriandergrün, grob gehackt (optional)

Mit den Fingern die Blätter vom Salat ziehen, dabei harte Stiele und welke oder verfärbte Blätter entfernen. Blätter auf einen Teller legen, mit feuchtem Küchenpapier bedecken und in den Kühlschrank stellen.

In einer kleinen Schüssel Hühnerbrühe, Hoisin-Sauce, Sojasauce, Essig, Sesamöl und Speisestärke verquirlen. Beiseitestellen.

In einem Wok oder einer großen beschichteten Bratpfanne das Traubenkernöl bei mittlerer bis hoher Temperatur erhitzen, bis es den Rauchpunkt fast erreicht hat. Hähnchen hinzufügen und 1–2 Minuten unter häufigem Wenden anbraten, bis es goldbraun ist. Mit einem Schöpflöffel das Fleisch auf einen Teller geben. Knoblauch, Paprikaschoten, Frühlingszwiebeln und Jalapeño in die Pfanne geben und etwa 2 Minuten unter ständigem Rühren anbraten, bis alles knusprig-zart ist. Das Hähnchenfleisch mit den Cashewkernen zurück in die Pfanne geben. Die Sojasaucen-Mischung nochmals verrühren, damit sich alles wieder gut verbindet und ebenfalls in die Pfanne geben. Unter Rühren 2–3 Minuten anbraten, bis das Hähnchen ganz gar und die Sauce eingedickt ist.

Den Pfanneninhalt auf eine vorgewärmte Servierplatte geben. Mit den Salatblättern servieren. Die Hähnchen-Gemüse-Mischung mit einem Löffel auf den Salatblättern verteilen, nach Belieben mit Koriander bestreuen und dann wie Tacos einrollen und essen.

Bei Wokgerichten brät man die Gerichte bei hoher Temperatur in nur wenig Fett an – dadurch sind sie eine tolle und gesunde Wahl. Bereiten Sie alle Zutaten für dieses Gericht, das viele Vitamine und mageres Eiweiß enthält, im Voraus vor, denn beim Kochen muss es schnell gehen.

Hähnchen, Brokkoli & Pilze in schwarzer Bohnensauce

Für 4 Personen

- 1 EL fermentierte schwarze Bohnen
- 4 EL trockener Sherry
- 250 g Hack von der Hähnchenbrust
- 1 TL asiatisches Sesamöl
- Meersalz und gemahlener weißer Pfeffer
- 2 EL Traubenkern- oder Rapsöl
- 6 Knoblauchzehen, gehackt
- 1 EL geschälter und geriebener frischer Ingwer
- 125 g Brokkoliröschen
- 185 g Champignons, in Scheiben geschnitten
- 2 oder 3 große Schalotten, gehackt (etwa 60 g)
- 2 EL salzarme Hühnerbrühe
- gedämpfter Naturreis als Beilage
- 10 g frische Thai-Basilikum-Blätter, zerzupft

In einer kleinen Schüssel die Bohnen mit 2 EL Sherry 20 Minuten einweichen. Abgießen, der abgetropfte Sherry wird nicht mehr benötigt.

In einer mittelgroßen Schüssel das Hähnchen mit dem Sesamöl, ½ TL Salz und einer Prise weißem Pfeffer vermengen. Mit Frischhaltefolie bedecken und bei Raumtemperatur 20 Minuten ziehen lassen.

In einem Wok oder einer großen beschichteten Bratpfanne das Traubenkernöl bei mittlerer bis hoher Temperatur erhitzen, bis es den Rauchpunkt fast erreicht hat. Die Hähnchen-Mischung unter ständigem Rühren etwa 2 Minuten anbraten, bis das Fleisch gar ist. Das Hähnchen mit einem Schöpflöffel auf einen Teller geben. Dann Knoblauch, Ingwer und schwarze Bohnen in die Pfanne geben und unter Rühren etwa 30 Sekunden braten, bis es duftet. Brokkoli, Pilze und Schalotten hinzufügen und etwa 2 Minuten unter Rühren braten, bis das Gemüse beginnt weich zu werden. Hühnerbrühe und die restlichen 2 EL Sherry dazugießen und gut verrühren. Das Hähnchen wieder in die Pfanne geben und nochmals etwa 2–3 Minuten unter Rühren braten, bis die Pfanne beinahe trocken ist.

In vorgewärmten Schalen oder auf einer vorgewärmten Servierplatte zuerst den Reis anrichten, dann die Hähnchen-Mischung darauf verteilen. Mit dem Basilikum garnieren und sofort servieren.

Gerste hat eine angenehm bissfeste Konsistenz und einen süßen, nussigen Geschmack. Wenn sie in Brühe bei niedriger Hitze lange köchelt, verwandelt sie sich in ein cremiges Gericht, das Risotto ähnelt. Fügen Sie fleischige Pilze, Hähnchenfleisch und pfeffrigen Rucola hinzu und sie erhalten ein köstliches herbstliches Abendessen.

Gersten-Risotto mit Hähnchen, Pilzen & Blattgemüse

Für 6 Personen

- 1 1/2 l salzarme Hühnerbrühe
- 1 1/2 EL Olivenöl
- 1 gelbe Zwiebel, gehackt
- 1 Knoblauchzehe, gehackt
- 185 g Champignons, in Scheiben geschnitten
- Meersalz und frisch gemahlener Pfeffer
- 125 ml trockener Weißwein
- 225 g Graupen
- 125 g junger Rucola
- 375 g gewürfeltes oder in kleine Stücke zerkleinertes gekochtes Hähnchenfleisch
- 60 g Parmesan, frisch gerieben

In einem Topf die Hühnerbrühe bei mittlerer bis hoher Temperatur zum Kochen bringen. Vom Herd nehmen und zudecken, damit sie warm bleibt.

In einem großen Topf das Olivenöl bei mittlerer bis hoher Temperatur erhitzen. Zwiebel darin unter häufigem Rühren etwa 5 Minuten anschwitzen, bis sie weich wird. Dann Knoblauch hinzufügen und etwa 1 Minute braten, bis er duftet. Pilze, 1/4 TL Salz und einige Prisen Pfeffer in den Topf geben und unter Rühren 4–5 Minuten braten. Wein dazugießen, aufkochen lassen und noch 1 Minute köcheln lassen.

1 1/4 l der heißen Brühe und Gerste hinzufügen. Zugedeckt bei niedriger bis mittlerer Hitze etwa 45 Minuten köcheln lassen, dabei gelegentlich umrühren, bis die Gerste zart ist. Falls die Gerste währenddessen trocken wird, noch etwas Brühe (jeweils 60 ml) dazugießen. Rucola zur Gerste geben und bei Bedarf etwas Brühe unterrühren, um die Mischung aufzulockern. Ohne Deckel etwa 2 Minuten köcheln lassen, bis der Rucola zusammenfällt. Das Hähnchen untermengen und 1 Minute erhitzen. Parmesan unterrühren und mit Salz und Pfeffer abschmecken. Sofort servieren.

Magischer Nährstoff-Lieferant

Die positiven Auswirkungen für die Gesundheit beim Verzehr von Pilzen, vor allem Shiitake und wildem Maitake, scheinen zu gut, um wahr zu sein. Sie enthalten einen Nährstoff, der nur in Pilzen vorkommt und so wirkungsvoll ist, dass Pilze in der asiatischen Medizin eingesetzt werden, um das Immunsystem zu stärken. Sogar Zuchtpilze wie Champignons sind reich an krebsvorbeugendem Selen und anderen Mineralstoffen. Sie enthalten auch hochwertiges Eiweiß.

Mit ihrer angenehmen Konsistenz und ihrem natürlich herzhaften Geschmack sind Pilze ein tolles Appetithäppchen, beispielsweise mit Pesto oder auf Bruschetta. Gebraten ergeben sie eine tolle Beilage oder eine aromatische Garnierung für einen Blatt-Kräuter-Salat.

Viererlei vom Pilz

Pilz-Bruschetta

In einer kleinen Schüssel 3 EL Olivenöl, 2 EL frischen Zitronensaft und eine gepresste Knoblauchzehe verrühren und mit Salz und Pfeffer abschmecken. 500 g Champignonhüte darin gut wenden. Acht Scheiben rustikales Vollkornbrot mit Olivenöl bestreichen und auf einem mittel- bis sehr heißem Grill oder in einer Grillpfanne braten, bis sich das Grillmuster zeigt, etwa 1 Minute pro Seite. Die Pilze etwa 3 Minuten pro Seite grillen, bis sie weich und goldbraun werden, dann in Scheiben schneiden und diese auf die gegrillte Brote verteilen. Mit gehacktem frischem Basilikum und gehobeltem Parmesan bestreuen und sofort servieren. Für 4 Personen.

Pesto-Champignons

8 Champignonhüte mit Zitronensaft beträufeln, salzen und pfeffern. Pilze mit den Lamellen nach unten auf einem heißen Grill oder in einer Grillpfanne etwa 3 Minuten goldbraun braten. Wenden, etwas Pesto darauf verteilen (Seite 218 oder gekauft) und etwa 3–5 Minuten braten, bis die Pilze weich sind und das Pesto Blasen wirft. Sofort servieren. Für 4 Personen.

Knoblauch-Pilze mit Pinienkernen

In einer Schüssel 500 g gemischte Pilze mit 60 ml Olivenöl, vier gehackten Knoblauchzehen, Salz und Pfeffer vermischen. Pilze in einem Bräter nebeneinanderlegen und darüber 2 EL trockenen Weißwein oder Brühe gießen. Bei 230 °C etwa 15 Minuten im Backofen braten, bis sie zu brutzeln beginnen und goldbraun sind. 60 g Pinienkerne hinzufügen und etwa weitere 10 Minuten braten, bis die Kerne weich und goldbraun sind. Mit frischen gehackten Kräutern garnieren und sofort servieren. Für 4 Personen.

Gegrillter Pilz-Salat

Knoblauch-Pilze wie im oberen Rezept zubereiten, allerdings ohne die Pinienkerne und die Kräuter. Für das Dressing 5 EL natives Olivenöl extra, ½ TL gehackten frischen Thymian, 60 ml Balsamicoessig, 1 TL frischen Zitronensaft, einen Tropfen Agavendicksaft, Salz und Pfeffer verrühren. In einer großen Schüssel mundgerecht zerkleinerte Blätter von einem Radicchio- und einem kleinen rotblättrigen Salat sowie 45 g frische glatte Petersilie vermischen und mit dem Dressing vermengen. Auf Teller verteilen und mit den warmen Pilzen garnieren. Für 6 Personen.

Dieses eiweißreiche Gericht ist leicht zuzubereiten. Die Mango-Gurken-Joghurt-Raita spielt mit den Aromen der indischen Küche. Sie können die Raita auch mit gegrilltem oder gebratenem Fisch oder Schweinefleisch servieren.

Geröstete Quinoa mit Hähnchen & Mango

Für 4 Personen

- 155 g Quinoa
- 3 EL fettarmer Joghurt
- 1 EL frischer Zitronensaft
- 1 TL geschälter und geriebener frischer Ingwer
- 1 TL Honig
- Meersalz und frisch gemahlener Pfeffer
- 315 g Mango, gewürfelt
- 125 g Gurke, entkernt und in kleine Stücke geschnitten
- 4 Hähnchenbrusthälften ohne Haut und Knochen, à etwa 185 g
- 1 EL Traubenkern- oder Rapsöl
- frische Minze, zerzupft, für die Garnierung

Quinoa in ein feinmaschiges Sieb geben. Unter laufendem kalten Wasser gut waschen und abtropfen lassen. Die nasse Quinoa in eine beschichtete Pfanne geben und auf den Herd stellen. Die Quinoa bei mittlerer Temperatur 2–3 Minuten unter ständigem Rühren mit einem Pfannenwender aus Holz rösten, bis die Körner trocken sind. Dann auf die Temperatur erhöhen und etwa 6 Minuten rühren, bis die Körner aufplatzen und eine leicht goldbraune Farbe angenommen haben. Vom Herd nehmen und 500 ml Wasser dazugießen, dabei vorsichtig sein, da es spritzen kann. Auf mittlere Hitze reduzieren, zudecken und aufkochen lassen, dann auf niedrige Hitze reduzieren und sanft etwa 15 Minuten köcheln lassen, bis die Körner gar sind.

Währenddessen in einer Schüssel Joghurt, Zitronensaft, Ingwer, Honig und ¼ TL Salz verrühren. Mango und Gurke hinzufügen und rühren, sodass alles gleichmäßig bedeckt ist. Beiseitestellen.

Die Hähnchenbruststücke nacheinander zwischen zwei Schichten Frischhaltefolie legen und mit einem Schnitzelklopfer sanft etwa 1 cm dick klopfen. Hähnchen auf beiden Seiten großzügig mit Salz und Pfeffer würzen.

In einer großen beschichteten Bratpfanne Öl bei mittlerer bis hoher Temperatur erhitzen. Eventuell portionsweise arbeiten, falls zu wenig Platz in der Pfanne ist. Hähnchen in die Pfanne geben und auf mittlere Temperatur reduzieren. 4–5 Minuten pro Seite anbraten, bis das Fleisch ganz gar und auf beiden Seiten goldbraun ist. Sobald ein Stück fertig ist, auf einen Teller geben und mit Alufolie zudecken, damit es warm bleibt.

Zum Servieren Quinoa mit einer Gabel auflockern und auf vorgewärmte Teller verteilen. Hähnchen aufschneiden und auf die Quinoa legen. Mit der Joghurt-Mango-Mischung und Minze garnieren und sofort servieren.

Kirschtomaten, die der Gesundheit viel Gutes tun, werden oft als Garnierung betrachtet und auf dem Teller liegen gelassen. Hier werden sie als warmer Salat mit magerer Hähnchenbrust zu einem nahrhaften und schnell zubereiteten Abendessen nach einem langen Arbeitstag.

Sautierte Hähnchenbrust mit warmem Tomatensalat

Für 4 Personen

- 4 Hähnchenbrusthälften, ohne Haut und Knochen, à etwa 185 g
- Meersalz und frisch gemahlener Pfeffer
- 2 EL Olivenöl
- 1 oder 2 große Schalotten, gehackt (etwa 30 g)
- 1 Knoblauchzehe, gehackt
- 280 g Kirsch- und Birnentomaten, nach Möglichkeit verschiedene Farben und Formen, entstielt und halbiert
- 3 EL Balsamicoessig
- 15 g frische Basilikumblätter, zerzupft

Die Hähnchenbrüste nacheinander zwischen zwei Schichten Frischhaltefolie legen und mit einem Fleischklopfer sanft etwa 1 cm dick klopfen. Hähnchen auf beiden Seiten großzügig mit Salz und Pfeffer abschmecken.

In einer großen beschichteten Bratpfanne Öl bei mittlerer bis hoher Temperatur erhitzen. Eventuell portionsweise arbeiten, falls zu wenig Platz in der Pfanne ist. Hähnchen in die Pfanne geben und auf mittlere Temperatur reduzieren. 4–5 Minuten pro Seite anbraten, bis das Fleisch ganz gar und auf beiden Seiten goldbraun ist. Sobald ein Stück fertig ist, auf einen Teller geben und mit Alufolie zudecken, damit es warm bleibt.

Schalotten und Knoblauch in die Bratpfanne geben und unter häufigem Rühren 3–4 Minuten anschwitzen, bis das Gemüse weich ist. Tomaten und Essig hinzufügen und unter häufigem Rühren nochmals etwa 4 Minuten braten, bis die Tomaten weich werden und aufplatzen. Basilikum dazugeben und mit Salz und Pfeffer abschmecken.

Jeweils eine Hähnchenbrust auf einem vorgewärmten Teller anrichten und den warmen Tomatensalat darauf verteilen. Sofort servieren.

Mageres Flankensteak lässt sich leichter schneiden, wenn Sie es vorher für 30 Minuten in den Tiefkühler geben. Servieren Sie dieses schnelle Pfannengericht mit gedämpftem Naturreis. Sie können auch für mehr Farbe und Nährstoffe zusätzlich noch rote Zwiebel und rote Paprikaschoten mit dem Pak Choi anbraten.

Pikantes Ingwer-Rindfleisch & Pak Choi

Für 4 Personen

- 2 EL trockener Sherry
- 1 EL salzarme Sojasauce
- 1/2 TL asiatische rote Chilipaste, oder mehr nach Geschmack
- 500 g Baby-Pak-Choi
- 1 EL Traubenkern- oder Rapsöl
- 2 Knoblauchzehen, gehackt
- 1 EL geschälter und gehackter frischer Ingwer
- 500 g Steak aus der Rinderflanke, dünn quer zur Faser geschnitten

In einer kleinen Schüssel Sherry, Sojasauce und Chilipaste verrühren. Beiseitestellen.

Die Enden des Baby-Pak-Choi abschneiden und die einzelnen Blätter abtrennen.

In einem Wok oder einer großen beschichteten Bratpfanne 1/2 EL Öl bei hoher Temperatur erhitzen. Wenn das Öl heiß ist, Pak Choi hinzufügen unter Rühren etwa 2 Minuten braten, bis er knusprig-zart ist. Aus der Pfanne in eine Schüssel geben.

Den restlichen 1/2 EL Öl in die Pfanne geben. Wenn es heiß ist, Knoblauch und Ingwer darin unter häufigem Rühren etwa 30 Sekunden braten, bis beides duftet, aber noch keine Farbe angenommen hat. Das Rindfleisch hinzufügen und unter Schwenken und Rühren etwa 2 Minuten braten, bis es durch ist.

Pak Choi mit der Sherry-Mischung wieder in die Pfanne geben und 1 Minute garen, bis alles gut erwärmt ist. Nach Geschmack für ein extrascharfes Gericht mit zusätzlicher Chilipaste garnieren. Sofort servieren.

Dieser Salat enthält eine Vielfalt an Gemüsesorten und Kräutern, die reich an Beta-Carotin und anderen schützenden sekundären Pflanzenstoffen sind. In Kombination mit magerem Rindfleisch und einer fettarmen Vinaigrette mit Thai-Aromen erinnert dieses Gericht an die für die südostasiatische Küche typischen Salate.

Thai-Rindfleisch- & Kräutersalat

Für 4 Personen

- 3 EL Thai-Fischsauce
- 3 EL frischer Limettensaft
- 2 TL Zucker
- 1–2 TL gehackte frische scharfe Chilischoten mit Samen
- Traubenkern- oder Rapsöl zum Fetten, plus 2 TL für die Steaks
- 1 kleines Steak von der Rinderflanke (375–500 g)
- Meersalz und frisch gemahlener Pfeffer
- 1 großer Kopfsalat, in mundgerechte Stücke zerzupft
- 155 g Salatgurke, in feine Scheiben geschnitten
- 50 g rote Zwiebel, fein geschnitten
- 75 g rote Paprikastreifen
- 20 g Minzeblätter, zerzupft
- 20 g Koriandergrün, zerzupft
- 10 g Basilikumblätter, zerzupft, vorzugsweise Thai-Basilikum

In einer großen Schüssel Fischsauce, Limettensaft, Zucker und Chilischoten zu einer Vinaigrette verrühren. Beiseitestellen.

Einen Holzkohle- oder Gasgrill auf hohe Temperatur vorheizen oder den Backofengrill vorheizen. Den Grillrost mit Öl bestreichen. Die Flankensteaks gleichmäßig mit Salz und Pfeffer bestreuen und die Gewürze gut ins Fleisch reiben. Mit 2 TL Öl auf beiden Seiten leicht bestreichen.

Die Steaks direkt auf den Grill legen und 4 Minuten je Seite grillen, bis die Oberfläche scharf angebraten ist und das Innere schön rosig ist. (Alternativ: Das Steak in einen Bräter mit Rost geben und in etwa 5 cm Entfernung von der Hitzequelle unter den Grill schieben. 4 Minuten pro Seite grillen, bis die Oberfläche scharf angebraten ist und das Innere schön rosig ist.)

Das Steak auf ein Schneidebrett legen, mit Alufolie bedecken und 20 Minuten ziehen lassen.

Das Steak quer zur Faser in sehr dünne Scheiben schneiden. Die Scheiben zur Vinaigrette geben und schwenken, damit sie gut bedeckt sind. Salat, Gurke, Zwiebel, Paprikaschote, Minze, Koriander und Basilikum hinzufügen und alles gut vermengen. Sofort servieren.

Dieser Salat ist eine Farbexplosion und auch die Nährwerte haben es in sich. Außerdem besticht er durch seine rauchigen Aromen, die sowohl die gegrillten Paprika als auch das gegrillte und marinierte Steak verströmen. Durch das köstliche Romesco-Dressing wird der Salat abgerundet.

Steak-Paprika-Zwiebel-Salat mit Romesco-Dressing

Für 6 Personen

- 6 EL (60 ml) natives Olivenöl extra, plus 2 EL zum Bestreichen
- 80 ml Sherryessig
- 2 EL frischer Orangensaft
- 1 EL geräuchertes spanisches Paprikapulver
- 5 Knoblauchzehen, gehackt
- 1½ EL frische Oreganoblätter
- 875 g – 1 kg Steak von der Rinderflanke
- 2 kleine rote Zwiebeln, in dicke Scheiben geschnitten
- 3 rote, gelbe oder orange Paprikaschoten, entkernt und in breite Streifen geschnitten
- Meersalz und frisch gemahlener Pfeffer
- ½ großer Kopfsalat, Blätter in mundgerechte Stücke zerzupft
- Romesco-Dressing (Seite 218)
- 2 EL gehackte frische glatte Petersilie

In einer Schüssel, die groß genug ist, dass das Steak hineinpasst, 60 ml Olivenöl, Essig, Orangensaft, Paprikapulver, Knoblauch und Oregano verrühren, bis sich alles gut verbunden hat. Das Steak in die Schüssel legen und öfter wenden, bis es gleichmäßig bedeckt ist. Zugedeckt für mindestens 2 Stunden, noch besser über Nacht, in den Kühlschrank stellen, währenddessen ein- oder zweimal wenden. Vor dem Grillen auf Raumtemperatur erwärmen lassen.

Einen Grill für das Grillen bei mittlerer bis hoher Temperatur vorbereiten. Grillrost mit Öl bestreichen.

Zwiebeln und Paprikaschoten mit den restlichen 2 EL Olivenöl bestreichen und mit Salz und Pfeffer würzen. Unter einmaligem Wenden grillen, bis das Gemüse zart und auf beiden Seiten gut angeröstet ist, 7–10 Minuten für die Zwiebeln und etwa 15 Minuten für die Paprikaschoten. Auf einen Teller geben. Das Fleisch aus der Marinade nehmen (Marinade entfernen) und auf beiden Seiten salzen und pfeffern. 10–15 Minuten grillen, dabei einmal wenden, bis beide Seiten goldbraun sind und die gewünschte Garstufe erreicht ist. Fleisch auf ein Schneidebrett legen und mit Alufolie bedecken. Paprika in dünnere, etwa 1 cm breite Streifen schneiden und die Zwiebelscheiben lockern, sodass sich die Ringe lösen.

In einer Schüssel Salat und eine Prise Salz vermengen. Den Salat auf Teller verteilen. Das Fleisch quer zur Faser in dünne Streifen schneiden. Fleisch, Paprikastreifen und Zwiebelringe auf dem Salat verteilen. Dressing über den Salat träufeln und mit etwas Petersilie bestreuen. Sofort servieren.

Beilagen & Snacks

Beim Grillen karamellisiert der bittere Raddichio, so werden die Blätter süßer. Salsa verde verleiht dem Gericht ein wenig Schärfe und einen schönen optischen Kontrast. Kosten Sie die Salsa auf alle Fälle vor dem Abschmecken, da die Sardellen und Kapern von Natur aus salzig sind.

Gegrillter Radicchio mit Salsa verde

Für 4 Personen

- 4 Köpfe Radicchio (insgesamt 625 g)
- natives Olivenöl extra zum Beträufeln, plus 8 EL (125 ml)
- Meersalz und frisch gemahlener Pfeffer
- 1 unbehandelte Zitrone
- 2 Knoblauchzehen, gepresst
- 2 EL Kapern
- 1 TL geriebener Meerrettich
- 2 Sardellenfilets (in Olivenöl, vorzugsweise italienischer Herkunft)
- Blätter von 1 Bund frischer glatter Petersilie
- Blätter von 1/2 Bund frischer Minze

Verfärbte oder welke Blätter des Radicchios entfernen, dann der Länge nach vierteln. Die Viertel auf ein Backblech legen, leicht mit Olivenöl beträufeln, salzen und pfeffern. Schwenken, damit sich alles gut vermischt. Beiseitestellen.

Die Schale der Zitrone fein reiben, dann halbieren und den Saft einer Hälfte in eine kleine Schüssel pressen. Die andere Hälfte beiseitelegen.

In einer Küchenmaschine Zitronenschale, Knoblauch, Kapern, Meerrettich und Sardellen hacken. Petersilien- und Minzeblätter, Zitronensaft und 2 EL Olivenöl hinzufügen und zu einem groben Brei verarbeiten. Während das Gerät weiterläuft, die restlichen 6 EL Olivenöl hinzugießen und pürieren. Die Salsa sollte die Konsistenz eines Pestos aufweisen. Mischung in eine Schüssel geben und abschmecken. Je nach Geschmack etwas Zitronensaft oder Wasser hinzufügen, um die Sauce zu verflüssigen.

Eine Grillpfanne bei mittlerer Temperatur erhitzen. Sobald die Pfanne warm ist, die Radicchio-Viertel nebeneinander (nicht aufeinander!) hineinlegen und 2–3 Minuten pro Seite braten, bis sie beginnen zusammenzufallen und karamellisieren. Auf einer Servierplatte anrichten und mit Salsa verde beträufeln. Heiß oder bei Raumtemperatur servieren.

Aus diesem Trio aus knackigem Gemüse, frischen Kräutern und eiweißreicher Quinoa entsteht eine ausgewogenen Beilage für verschiedenste Gerichte. Sie schmeckt auch sehr gut als fleischloses Abendessen. Ein bisschen Feta sorgt für mehr Würze und Eiweiß.

Salat mit gelbem Kürbis & roter Quinoa

Für 6 Personen

- 250 g rote Quinoa
- 2 EL natives Olivenöl extra, plus 60 ml
- 500 g junge gelbe Flaschenkürbisse, in 1 cm große Stücke geschnitten
- Meersalz
- 1 Knoblauchzehe
- 60 ml frischer Zitronensaft
- 1 kleine Gurke, in 1 cm große Stücke geschnitten
- 5 Frühlingszwiebeln, weiße und zarte grüne Teile, quer in 5 mm große Stücke geschnitten
- 10 g frisches Basilikum, gehackt
- 10 g frische Minze, gehackt
- 75 g Feta, zerkrümelt

Quinoa in ein feinmaschiges Sieb geben. Unter laufendem kalten Wasser gut waschen und abtropfen lassen. In einem Topf 750 ml Wasser bei hoher Temperatur zum Kochen bringen. Quinoa hinzufügen, einmal umrühren und auf niedrige Temperatur reduzieren. Zugedeckt ohne Rühren 25 Minuten garen lassen, bis die Körner das gesamte Wasser aufgenommen haben und zart sind. Einige Minuten zugedeckt ziehen lassen, dann mit einer Gabel auflockern und in eine große Schüssel füllen.

Währenddessen in einer großen Bratpfanne 2 EL Olivenöl bei mittlerer bis hoher Temperatur erhitzen. Kürbis und etwas Salz hinzufügen, dann 3–4 Minuten unter häufigem Rühren braten, bis der Kürbis knusprig-zart ist. Auf einen Teller geben und abkühlen lassen.

Auf einem Schneidebrett den Knoblauch mit etwas Salz mit einer Gabel oder der flachen Seite eines breiten Küchenmessers zu einer Paste zerdrücken. In einer kleinen Schüssel den zerdrückten Knoblauch und den Zitronensaft verrühren und 10 Minuten ziehen lassen. Dann 60 ml Olivenöl für eine Vinaigrette unterrühren.

Quinoa, Kürbis, Gurke, Frühlingszwiebeln, Basilikum, Minze und Feta in eine große Schüssel geben. Mit der Vinaigrette beträufeln und vorsichtig vermengen. Mit Salz und Pfeffer abschmecken. Sofort servieren.

Das dunklere Grün von Blattgemüse wie Rübstiel, Grünkohl oder Mangold ist ein Hinweis darauf, dass sie mehr Vitamine und Nährstoffe als hellgrüne Blattsalate haben. In diesem Universal-Rezept können alle dunkelgrünen Blattgemüsesorten verwendet werden.

Würziger Rübstiel mit Knoblauch

Für 4–6 Personen

- Meersalz
- 500 g Rübstiel, geputzt
- 1 EL Olivenöl
- 3 Knoblauchzehen, fein geschnitten
- ¼ TL Chiliflocken
- 1 EL frischer Zitronensaft

Einen großen Topf zu zwei Drittel mit Wasser auffüllen und salzen, dann bei hoher Temperatur aufkochen lassen. Rübstiel hinzufügen und etwa 4 Minuten kochen, bis er zart ist. Abgießen und gut abtropfen lassen.

In einer großen Bratpfanne Olivenöl bei mittlerer bis hoher Temperatur erhitzen. Knoblauch und Chiliflocken hinzufügen und unter ständigem Rühren 30 Sekunden braten, bis der Knoblauch duftet, aber noch keine Farbe angenommen hat. Rübstiel und ½ TL Salz hinzufügen. Umrühren, damit der Rübstiel mit dem Knoblauch-Öl bedeckt wird und 1–2 Minuten ziehen lassen, bis alles gut erwärmt ist. Vom Herd nehmen und Zitronensaft unterrühren.

Auf einer vorgewärmten Servierplatte anrichten und sofort servieren.

Bei diesem Gericht ergänzen duftendes geröstetes Walnussöl und herber Rotweinessig den leicht bitteren Geschmack des Rosenkohls. Geröstete Walnüsse verleihen dem Gericht eine warme, nussige Note und einen gewissen Knusperfaktor.

Süß-saurer Rosenkohl mit Walnüssen

Für 4 Personen

500 g Rosenkohl
1 EL Olivenöl
Meersalz und frisch gemahlener Pfeffer
250 ml salzarme Hühnerbrühe
2 EL Rotweinessig
1 EL brauner Zucker
2 TL geröstetes Walnussöl
30 g Walnusskerne, geröstet

Mit einem kleinen, scharfen Messer die Strünke des Rosenkohls entfernen. Welke oder verfärbte Blätter ebenfalls entfernen.

In einer großen Bratpfanne Olivenöl bei mittlerer Temperatur erhitzen. Rosenkohl nebeneinander hineinlegen und mit etwas Salz bestreuen. Etwa 4 Minuten braten, dabei ein- oder zweimal rühren, bis die Sprossen auf allen Seiten goldbraun und karamellisiert sind.

Auf mittlere bis hohe Temperatur erhöhen und Hühnerbrühe hinzufügen. Brühe aufkochen lassen und mit einem Holzlöffel eventuell entstandenen Bratensatz vom Pfannenboden loslösen. Auf niedrige bis mittlere Temperatur reduzieren, teilweise zudecken und etwa 20 Minuten köcheln lassen, bis die meiste Flüssigkeit verdampft ist und der Rosenkohl gar ist.

60 ml Wasser hinzufügen, Essig und braunen Zucker einrühren und auf mittlere bis hohe Temperatur erhöhen. Unter gelegentlichem Rühren 2–3 Minuten köcheln lassen, bis die Flüssigkeit reduziert und eingedickt ist. Pfanne vom Herd nehmen und Walnussöl und -kerne unterrühren. Mit Salz und Pfeffer abschmecken.

In einer vorgewärmten Servierschüssel anrichten und sofort servieren.

Regelmäßig Kraut zu essen kann Ihr Risiko, an Krebs zu erkranken, stark senken und dieses Rezept zeigt, wie das leicht gelingt. Grüne Äpfel bringen Süße und kräftigen Geschmack, Rotwein verleiht Tiefe und ein wenig Orangenschale bereichert dieses herzhafte Gericht mit etwas Frische.

Geschmortes Balsamico-Rotkraut mit Äpfeln

Für 4–6 Personen

- 3 EL Olivenöl
- 1 gelbe Zwiebel, fein geschnitten
- Meersalz und frisch gemahlener Pfeffer
- 1 EL Honig
- 1 Granny-Smith-Apfel, halbiert entkernt und dünne Spalten geschnitten
- 60 ml Balsamicoessig
- 250 ml trockener Rotwein
- 1 Kopf Rotkraut (etwa 1 kg), Mittelstück entfernt und fein gehobelt
- fein abgeriebene Schale von 1 unbehandelten Orange

In einer großen Bratpfanne Olivenöl bei mittlerer Temperatur erhitzen. Zwiebel und eine Prise Salz hinzufügen und 5–7 Minuten anschwitzen, bis die Zwiebe weich und glasig ist. Honig hinzufügen und 1 weitere Minute garen. Apfelscheiben und Essig dazugeben, auf mittlere bis hohe Temperatur erhöhen und mit einem Holzlöffel eventuell entstandenen Bratensatz vom Pfannenboden lösen. Flüssigkeit aufkochen lassen, dann Wein und 250 ml Wasser dazugießen. Mit einer großzügigen Prise Salz und Pfeffer würzen und nochmals aufkochen lassen. Dann auf niedrige bis mittlere Hitze reduzieren und etwa 10 Minuten köcheln lassen, bis die Flüssigkeit beginnt zu reduzieren.

Kraut hinzufügen. Mit einer Zange wenden, damit es gut mit der Flüssigkeit bedeckt ist. Pfanne zudecken und unter gelegentlichem Rühren 25–30 Minuten. köcheln lassen, bis das Kraut zusammenfällt. Deckel herunternehmen und weitere 25–30 Minuten köcheln lassen, bis das Kraut gar ist und die Flüssigkeit verdampft ist.

Abschmecken. Pfanne vom Herd nehmen und Orangenschale unterrühren, dann das Kraut in einer vorgewärmten Schüssel anrichten und sofort servieren.

Mit der schmackhaften Mischung aus Senf, Knoblauch und rauchigem Speck wird dieses Rezept jeden noch so pingeligen Esser in einen echten Rosenkohl-Liebhaber verwandeln. Mit dem Speck wird sparsam umgegangen, nur eine halbe Scheibe pro Portion, so bekommt man viel Geschmack für wenig Fett.

Warmer Rosenkohl-Salat

Für 6 Personen

- 2 EL Rotweinessig
- 1/2 TL körniger Senf
- 1 Knoblauchzehe, gehackt
- 60 ml natives Olivenöl extra
- Meersalz und frisch gemahlener Pfeffer
- 750 g Rosenkohl
- 3 Scheiben Speck, knusprig gebraten und in kleine Stücke gebrochen

In einer kleinen Schüssel Essig, Senf und Knoblauch verrühren. Unter ständigem Rühren das Olivenöl langsam und gleichmäßig für eine Vinaigrette hinzugießen. Mit Salz und Pfeffer abschmecken und beiseitestellen.

Mit einem kleinen, scharfen Messer die Strünke des Rosenkohls entfernen. Welke oder verfärbte Blätter ebenfalls entfernen. Die Blätter abtrennen.

Die Rosenkohlblätter und 125 ml Wasser in einen großen Topf bei mittlerer Temperatur geben. Zudecken, auf hohe Temperatur erhöhen und aufkochen lassen. Dann auf niedrige bis mittlere Hitze reduzieren und etwa 7 Minuten kochen, bis die Blätter hellgrün und zart sind, bei Bedarf mehr Wasser hinzufügen. Gut abtropfen lassen und in eine vorgewärmte Servierschüssel füllen.

Vinaigrette über den Rosenkohl träufeln und schwenken, damit sich alles gut vermischt. Abschmecken. Mit dem Speck garnieren und sofort servieren.

Bei diesem Rezept kann man jede Bete verwenden, aber bedenken Sie, dass Rote Bete stark abfärbt. Um Flecken zu vermeiden, tragen Sie Einweghandschuhe beim Schälen und Schneiden. Die Chioggia-Rübe mit ihren rot-weißen Ringen färbt nur wenig ab, die gelbe Bete gar nicht.

Salat mit Bete, Orange & Fenchel

Für 4 Personen

4 Bete-Knollen (rote oder gelbe, insgesamt etwa 500 g)

2 TL Olivenöl

2 Orangen

1 Fenchelknolle

2 EL Olivenöl mit Orangenaroma

1 TL Rotweinessig

1 TL Balsamicoessig

Meersalz und frisch gemahlener Pfeffer

60 g Pecorino romano, frisch gerieben

30 g Mandelsplitter, geröstet

Backofen auf 180 °C vorheizen und einen Rost auf die mittlere Schiene geben.

Bete-Knollen nebeneinander auf ein flaches Backblech legen. Mit Olivenöl beträufeln und gut damit einreiben. Unter gelegentlichem Wenden etwa 1¼ Stunden backen, bis die Bete mit einem scharfen Messer leicht angestochen werden kann und die Schale ein wenig schrumpelig wird. Aus dem Backofen nehmen und abkühlen lassen. Sobald man die Bete angreifen kann, Stiele abschneiden und mit den Fingern die Schale entfernen. Die Knollen vierteln.

Die Orangen nacheinander filetieren. Dazu oben und unten eine dicke Scheibe abschneiden. Die Orange auf ein Schneidebrett stellen und entlang der Rundung die Schale von oben nach unten so abschneiden, dass keine weiße Haut übrigbleibt. Die Orange über eine Schüssel halten, die Filets zwischen den Trennwänden herausschneiden und in die Schüssel fallen lassen. Mit der zweiten Orange wiederholen. Orangenfilets abgießen, dabei 2 TL des entstandenen Saftes auffangen.

Den Stiel und die fedrigen Blätter des Fenchels abschneiden und beiseitestellen. Die äußerste Schicht der Knolle entfernen, falls sie hart ist. Die Knolle der Länge nach halbieren und den Mittelteil herausschneiden, ebenso andere harte Endstücke. Fenchel der Länge nach in etwa 5 mm dicke Scheiben schneiden und in die Schüssel geben. Rote Bete mit dem vorbereiteten Orangensaft, dem Olivenöl mit Orangenaroma, Rotwein- und Balsamicoessig, ½ TL Salz und ¼ TL Pfeffer ebenfalls in die Schüssel geben. Vorsichtig schwenken, damit sich alles gut vermischt.

Salat auf Tellern anrichten. Das Fenchelgrün hacken. Den Salat mit Käse, gerösteten Mandeln und Fenchelgrün garnieren und sofort servieren.

Gut für die Knochen

Brokkolini ist eine Kreuzung zwischen Brokkoli und *gai lan*, einem chinesischen Gemüse. Süßer und milder als Brokkoli (Seite 8) enthält er so viel Vitamin C wie Orangensaft. Außerdem liefert er eine bedeutsame Menge an Folsäure, Vitamin A und Kalium, sowie Eisen, Kalzium, Vitamin B und Ballaststoffen.

Brokkoli und Brokkolini sind tolle Beilagen, egal ob gebraten oder gedünstet, denn sie sind so vielfältig, dass sie mit vielen verschiedenen Gewürzen aus aller Welt harmonieren. In Kombination mit Nudeln verleihen sie einfachen Hauptgerichten mehr Gehalt und Nährwert.

Viererlei vom Brokkoli & Brokkolini

Gebratener Brokkoli mit Senf und Pinienkernen

In einem großen Bräter 1 kg Brokkoliröschen mit 2 EL Olivenöl vermengen. Dann die Röschen im Bräter nebeneinanderlegen und bei 200 °C 20–30 Minuten im Backofen braten, dabei ein- oder zweimal wenden, bis die Röschen goldbraun und zart sind. In einer Schüssel 2 EL Balsamicoessig, 1 TL körnigen Senf und 1 EL Olivenöl zu einer Vinaigrette verrührenen. Über den Brokkoli gießen und gut schwenken. Mit 30 g gerösteten Pinienkernen garnieren und sofort servieren. Für 6 Personen.

Brokkolini mit Soja-Sesam-Vinaigrette

In einer großen Schüssel 1 EL geröstetes Sesamöl, 1 EL salzarme Sojasauce, 2 TL frischen Zitronensaft und einen Tropfen dunklen Agavendicksaft zu einer Vinaigrette verrühren. 750 g Brokkolini 7–10 Minuten bissfest dämpfen. Warmen Brokkolini zur Sojasaucen-Mischung geben und alles gut vermengen. Mit 2 TL gerösteten Sesamsamen garnieren und sofort servieren. Für 4 Personen.

Brokkoli oder Brokkolini mit Orange & Mandeln

750 g Brokkoliröschen oder geputzten Brokkolini mit 1½ EL Olivenöl vermengen und nebeneinander in einen Bräter legen. Bei 220 °C etwa 25 Minuten im Backofen braten, bis das Gemüse goldbraun ist. Auf einer Servierplatte anrichten, mit 1 EL frischen Orangensaft beträufeln und 1 TL abgeriebene Schale von einer unbehandelten Orange und 2 EL gehackte geröstete Mandeln darüberstreuen. Für 4 Personen.

Pasta mit Brokkoli, Knoblauch & Sardellen

In einer großen Bratpfanne sechs fein gehackte Sardellenfilets und fünf fein geschnittene Knoblauchzehen in 60 ml Olivenöl bei mittlerer Hitze 1–2 Minuten braten, bis der Knoblauch leicht goldbraun ist. 500 g blanchierte Brokkoliröschen, eine Prise Chiliflocken und etwas Salz hinzufügen und 2–3 Minuten braten, bis sich alles erwärmt hat. 60 ml trockenen Weißwein hineingießen. 1–2 Minuten garen lassen, bis der Wein beinahe verdampft ist. 500 g gekochte Vollkorn-Pasta dazugeben und gut vermengen. Mit frisch geriebenem Parmesan bestreut sofort servieren. Für 4–6 Personen.

Dieses schnelle Gericht kombiniert zarten Spargel mit fleischigen Shiitake-Pilzen zu einer sättigenden Gemüsepfanne. Sesamsamen sind sehr nahrhaft und gesund, sie können sich beispielsweise positiv auf die Cholesterinwerte auswirken.

Gebratener Spargel mit Shiitake-Pilzen & Sesam

Für 4–6 Personen

- 500 g grüner Spargel, holzige Enden abgebrochen
- 3 EL Raps- oder Traubenkernöl
- 1 Knoblauchzehe, gehackt
- 1 EL geschälter und geriebener frischer Ingwer
- 185 g Shiitake-Pilze, Stiele entfernt, Hüte mit einem Pinsel gesäubert und in dünne Scheiben geschnitten
- 60 ml trockener Weißwein oder Sake
- 60 ml salzarme Hühnerbrühe
- 1 1/2 EL salzarme Sojasauce
- 2 TL Sesamsamen

Spargel schräg in 5 cm lange Stücke schneiden.

Das Öl in einer großen Bratpfanne bei hoher Temperatur erhitzen. Knoblauch und Ingwer darin unter ständigem Rühren etwa 30 Sekunden braten, bis beides duftet, aber noch keine Farbe angenommen hat. Pilze hinzufügen und unter häufigem Rühren 2 Minuten braten, bis sie beginnen, goldbraun zu werden. Spargel dazugeben und unter ständigem Rühren etwa 3 Minuten braten, bis er hellgrün und knusprig-zart ist.

Wein, Brühe und Sojasauce dazugießen und weitere 2–3 Minuten köcheln lassen, bis die Flüssigkeit zu einer saucenähnlichen Konsistenz reduziert und das Gemüse gar ist. Sesamsamen unterrühren, in einer vorgewärmten Servierschüssel anrichten und sofort servieren.

Von den vielen Süßkartoffelarten sind jene mit dunklem, orangefarbigem Fleisch besonders gesund, weil sie viele Ballaststoffe und Beta-Carotin enthalten. In diesem einfachen Rezept werden die würzigen Kartoffeln mit dem an Antioxidantien reichen Koriander garniert.

Süßkartoffeln aus dem Ofen mit Cumin & Koriander

Für 4 Personen

- 2 orangefleischige Süßkartoffeln (insgesamt 500 g), geschält
- 1 EL Raps- oder Traubenkernöl
- 1 TL gemahlener Cumin
- Meersalz und frisch gemahlener Pfeffer
- 2 EL fein gehacktes frisches Koriandergrün

Backofen auf 200 °C vorheizen.

Süßkartoffeln quer in 1 cm dicke, runde Scheiben schneiden. Die Scheiben unter laufendem kalten Wasser abspülen, dann auf ein sauberes Geschirrtuch legen und mit einem zweiten Geschirrtuch trocken tupfen.

Süßkartoffeln in eine Schüssel geben. Mit Öl beträufeln und mit Cumin bestreuen, dann schwenken, sodass sie gleichmäßig bedeckt sind.

Ein beschichtetes Backblech 5 Minuten im Backofen vorwärmen. Aus dem Backofen nehmen und die Süßkartoffeln vorsichtig nebeneinander auf das heiße Backblech legen. Süßkartoffeln 30–35 Minuten braten, dabei alle 10 Minuten wenden, bis sie gleichmäßig goldbraun und beim Einstechen mit einer Gabel weich sind.

Süßkartoffeln auf einer vorgewärmten Servierplatte anrichten, mit ½ TL Salz, einer oder zwei Prisen Pfeffer würzen und mit Koriandergrün garnieren. Sofort servieren.

Blumenkohl enthält viel Kalium, Vitamin C und Nährstoffe, die Krebs vorbeugen. Das Einweichen des Blumenkohls vor dem Backen ist ein wichtiger Schritt. Empfehlen Sie Ihren Gästen, das Gericht am Tisch mit ein wenig Zitronensaft zu verfeinern.

Blumenkohl mit Orangenschale & Frühlingszwiebel

Für 4 Personen

1 Blumenkohlkopf (875 g), Mittelstück entfernt und in gleich große Röschen geschnitten

1 EL Olivenöl

Meersalz und frisch gemahlener Pfeffer

2 EL grob gehackte Frühlingszwiebel

2 EL gehackte frische glatte Petersilie

2 TL abgeriebene Schale einer unbehandelten Orange

4 Zitronenspalten

Die Blumenkohlröschen in eine große Schüssel geben und mit kaltem Wasser bedecken. 20–30 Minuten stehen lassen, dann abgießen und trocken tupfen.

Backofen auf 200 °C vorheizen.

Blumenkohlröschen nebeneinander in eine Auflaufform (23 x 33 cm) legen. Mit Olivenöl beträufeln und mit Salz und Pfeffer würzen. Dann schwenken, damit der Blumenkohl vom Öl überzogen ist. Etwa 30 Minuten backen, dabei alle 10 Minuten wenden und jedes Mal mit 1–2 EL kalten Wasser beträufeln, bis die Röschen gar und leicht gebräunt sind.

Frühlingszwiebel, Petersilie und Orangenschale auf einem Schneidebrett aufeinanderlegen und gemeinsam fein hacken. Danach die fertige Mischung mit den Fingern auf dem Schneidebrett gut vermengen. Wenn der Blumenkohl gar ist, aus dem Backofen nehmen und gleichmäßig mit der Frühlingszwiebel-Mischung bestreuen. Den Blumenkohl in eine vorgewärmte Servierschüssel füllen und mit den Zitronenspalten garnieren. Sofort servieren.

Drei Gewürze, die man oft in indischen Currymischungen findet, verleihen der erdig-süßen Roten Bete ein exotisches Aroma. Wenn Sie die Knollen mit Blättern kaufen, schneiden Sie die Blätter ab und braten Sie sie wie Grünkohl oder Mangold einfach als Beilage zu einem anderen Gericht.

Indisch gewürzte Rote Bete aus dem Ofen

Für 4 Personen

- 1 TL gemahlener Cumin
- 1 TL gemahlener Koriander
- 1/2 TL gemahlene Kurkuma
- Meersalz und frisch gemahlener Pfeffer
- 6 Rote-Bete-Knollen (insgesamt 875 g)
- 2 EL Raps- oder Traubenkernöl
- frisches Koriandergrün, für die Garnierung

Backofen auf 180 °C vorheizen.

In einer kleinen Schüssel Cumin, Koriander, Kurkuma, 1 TL Salz und 1 TL Pfeffer gut verrühren.

Wenn die Blätter noch an den Knollen sind, so abschneiden, dass 1 cm des Stiels an der Knolle bleibt. (Blätter bei anderer Gelegenheit verwenden.) Knollen in eine Auflaufform geben, die groß genug ist, dass sie nebeneinander hineinpassen. Die Knollen mit Öl beträufeln und wenden, damit sie völlig davon bedeckt werden und dann gleichmäßig mit der Würzmischung einreiben. Im Backofen unter gelegentlichem Wenden etwa 1¼ Stunden backen, bis sich die Knollen leicht mit einem scharfen Messer einstechen lassen und die Schale ein wenig schrumpelig aussieht. Aus dem Backofen nehmen und abkühlen lassen. Sobald sie kühl genug sind, Stiele abschneiden und mit den Fingern die Schale entfernen.

Jede Knolle der Länge nach in Spalten schneiden, mit Koriander garnieren und warm oder bei Raumtemperatur servieren.

Hier wird Brokkolini auf ungewöhnliche Art zubereitet: Eine halbe Zitrone wird geschält und geschnitten und mit dem Gemüse gebacken. Dazu kommen einige wenige ausgewählte Gewürze – nur Knoblauch, Salz und Pfeffer. Diese sechs Komponenten sorgen für ein erstaunlich vielfältiges Geschmackserlebnis.

Gebratene Brokkolini mit Zitrone

Für 4 Personen

- 1 kg Brokkolini
- 1/2 Zitrone
- 1 1/2 EL Olivenöl
- 2 Knoblauchzehen, gehackt
- Meersalz und frisch gemahlener Pfeffer

Backofen auf 180 °C vorheizen.

Brokkolini putzen und in grobe Stücke schneiden. Kerne aus der Zitrone entfernen, schälen und in 5 mm große Würfel schneiden.

In einer Bratpfanne 1 EL Olivenöl bei mittlerer bis hoher Temperatur erhitzen. Knoblauch darin unter ständigem Rühren etwa 1 Minute anbraten, bis er leicht goldbraun ist. Brokkolini, gewürfelte Zitrone, 1/2 TL Salz und ein bis zwei Prisen Pfeffer hinzufügen. Unter häufigem Rühren 1 weitere Minute braten, bis der Brokkolini etwas Farbe annimmt.

Pfanneninhalt auf ein Backblech geben, mit dem restlichen 1/2 EL Olivenöl beträufeln und wenden, sodass alles gleichmäßig bedeckt ist. 10–12 Minuten backen, bis der Brokkolini knusprig-zart ist. Auf einer Servierplatte anrichten und heiß oder bei Raumtemperatur servieren.

Den Blumenkohl in einer brennheißen Pfanne goldbraun zu braten kitzelt seine natürliche Süße heraus. Dieses dunkle, karamellähnliche Aroma wird durch die würzige Glasur und einen Spritzer Zitronensaft noch verstärkt.

Süß-rauchig karamellisierter Blumenkohl

Für 4 Personen

- 2 EL Butter
- 3 EL Olivenöl
- 1 großer Kopf Blumenkohl (etwa 1 1/2 kg), Mittelstück entfernt und in 2,5 cm große Röschen geschnitten
- Meersalz und frisch gemahlener schwarzer Pfeffer
- 1 Schalotte, fein gehackt
- 1/2 TL geräuchertes süßes Paprikapulver
- 1/4 TL Chiliflocken
- 2 EL Honig
- 1/2 Zitrone

In einer großen Bratpfanne bei mittlerer Temperatur Butter mit 2 EL Olivenöl schmelzen. Blumenkohlröschen hinzufügen, mit einer großzügigen Prise Salz würzen und vorsichtig schwenken, damit die Röschen vom Öl bedeckt werden. Röschen so verteilen, dass sie nebeneinander in der Pfanne liegen und ohne Umrühren 3–4 Minuten braten, bis sie an der Unterseite goldbraun sind. Mit einer Küchenzange jedes Stück wenden und nochmals ohne Rühren 3–5 Minuten braten, bis auch die andere Seite gleichmäßig goldbraun ist.

Den restlichen 1 EL Olivenöl, Schalotten, Paprikapulver und Chiliflocken hinzufügen. Unter gelegentlichem Rühren 1–2 Minuten braten, bis die Schalotten weich werden. Dann Honig und 2 EL Wasser hinzufügen und 2–3 Minuten garen, bis die Flüssigkeit zu einer Glasur reduziert ist. Den Saft von der Zitronenhälfte über den Röschen auspressen, umrühren und etwa 30 Sekunden erhitzen, bis alles gut erwärmt ist. Vom Herd nehmen. Mit Salz und schwarzem Pfeffer abschmecken.

Die Blumenkohlröschen in eine vorgewärmte Servierschüssel füllen und sofort servieren.

Bei einer Ratatouille köcheln normalerweise verschiedene Sommergemüsesorten lang im eigenen Saft. In dieser Abwandlung wird das Gemüse in große Stücke geschnitten und kurz im Backofen gebraten, wodurch der Geschmack im Gemüse bleibt und intensiviert wird.

Im Ofen gebratene Ratatouille

Für 6–8 Personen

500 g Eiertomaten, längs halbiert

4 große Knoblauchzehen, in Scheiben geschnitten

1 große gelbe Zwiebel, halbiert und quer in 5 mm dünne Scheiben geschnitten

1 kleine Aubergine, entstrunkt und in 2,5 cm große Stücke geschnitten

1 kleine Zucchini, entstrunkt und quer in 1 cm dicke Scheiben geschnitten

1 kleiner gelber Flaschenkürbis, entstrunkt und quer in 1 cm dicke Scheiben geschnitten

1 grüne Paprikaschote, entkernt und in 4 cm große Stücke geschnitten

5 EL (80 ml) Olivenöl

Meersalz und frisch gemahlener Pfeffer

10 g frisches Basilikum, fein gehackt

2 EL gehackter frischer Thymian

Backofen auf 220 °C vorheizen.

Tomaten, Knoblauch, Zwiebel, Aubergine, Zucchini, Kürbis und Paprikaschote in einer großen Schüssel vermengen. Mit Olivenöl beträufeln, großzügig mit Salz bestreuen und schwenken, damit das Gemüse mit Öl überzogen ist. Das Gemüse auf ein großes, tiefes Backblech geben und so auflegen, dass die einzelnen Stücke nicht überlappen, sondern nebeneinanderliegen.

Gemüse 20 Minuten braten, dabei ein- oder zweimal umrühren. Aus dem Backofen nehmen und mit Basilikum und Thymian bestreuen. Nochmals 5–10 Minuten braten, dabei ein- oder zweimal umrühren, bis die größten Stücke beim Einstreichen mit einer Gabel weich sind. Aus dem Backofen nehmen und mit Salz und Pfeffer abschmecken.

Ratatouille in einer Schüssel anrichten. Heiß, warm oder bei Raumtemperatur servieren.

Je röter, desto besser

Tomaten sind reich an Vitamin A und C, Carotinen und Carotinoiden. Wenn sich ihre Schale rot verfärbt, steigt der Carotinoid-Gehalt. Die Lagerung im Kühlschrank hemmt diesen Prozess, zerstört den Geschmack und macht das Gemüse matschig, also bewahren Sie sie an einem lichtgeschützten Ort auf. Essen Sie in der Tomatensaison (von Sommer bis Herbst) Strauchtomaten aus Ihrer Gegend, bevorzugt alte Sorten in allen Formen und Farben. Da Sie die Schale mitessen, greifen Sie zu Bio-Tomaten.

Reife, aromatische Tomaten gibt es in den Sommermonaten und im frühen Herbst im Überschuss. Da es sich um richtige Nährstoff-Bomben handelt, greifen Sie oft zu. Gekochte Tomaten enthalten Lycopin, ein wirkungsvolles Antioxidans, das der Körper leicht verarbeiten kann.

Viererlei von der Tomate

Grilltomaten

1½ kg Tomaten (alte Sorten) halbieren und mit der Schnittseite nach oben auf ein Backblech legen. In einer kleinen Schüssel 1 EL Olivenöl, 2 EL Balsamicoessig, 1 gehackte Knoblauchzehe, je ¼ TL Salz und frisch gemahlenen Pfeffer und die Blätter von einem Thymianzweig vermengen. Die Mischung gleichmäßig mit einem Löffel über die Tomaten geben und bei 165 °C etwa 1 Stunde im Backofen braten, bis die Tomaten weich sind und ihre Haut Falten wirft. Passt gut zu Nudel- und Gemüsegerichten, zu belegten Broten und Pizzas. Ergibt etwa 500 g.

Weiße Bohnen mit Tomaten & Basilikum

In einer Schüssel zwei Dosen (à 400 g) abgegossene weiße Bohnen (vorzugsweise Cannellini), zwei entkernte und fein gewürfelte Tomaten, 60 g fein gehackte rote Zwiebel, 2 EL Balsamicoessig, 1 EL natives Olivenöl extra, 3 EL zerzupftes frisches Basilikum und Salz und Pfeffer vermengen. Vor dem Servieren 30 Minuten ziehen lassen oder bis zu 4 Stunden in den Kühlschrank stellen. Für 4 Personen.

Tomatenpesto

45 g getrocknete (nicht eingelegte) Tomaten in eine hitzefeste Schüssel geben und mit kochendem Wasser bedecken. 15 Minuten ziehen lassen, damit sie die Flüssigkeit aufnehmen können. Tomaten abgießen, dann gemeinsam mit zwei gewürfelten Eiertomaten, 20 g frischen Basilikumblättern, einer gehackten Knoblauchzehe und ½ TL Salz in eine Küchenmaschine geben und pürieren. Während der Motor läuft, langsam 2 EL natives Olivenöl extra hinzufügen und weiter pürieren, bis alles gut vermengt ist. Passt gut zu Pizzas, Nudelgerichten und Gemüse. Ergibt etwa 250 g.

Alte Tomatensorten mit Sherry-Vinaigrette

In einer kleinen Schüssel 3 EL natives Olivenöl extra, 1 EL Sherryessig, eine fein gehackte, große Schalotte, Salz und Pfeffer zu einer Vinaigrette verrühren. 500–750 g Tomaten (alte Sorten, vorzugsweise in verschiedenen Farben) entkernen und in dünne Spalten schneiden. Auf einer Platte anrichten, mit der Vinaigrette beträufeln und mit frischen Kräutern nach Belieben garnieren. Für 4 Personen.

Der kalorienarme Spaghetti-Kürbis ist ein guter Ersatz für Pasta und auch diese Nudeln passen hervorragend zu den verschiedensten Saucen. Die einfache Beilage ist mit Käse und frischen Kräutern garniert, aber Sie können den Kürbis auch in Ihrer liebsten Tomatensauce schwenken.

Kürbis-Spaghetti mit Knoblauch, Oregano & Parmesan

FÜR 4 PERSONEN

- 1 Spaghetti-Kürbis (etwa 1 kg)
- 1 EL natives Olivenöl extra
- 1 kleine Knoblauchzehe, gehackt
- Meersalz und frisch gemahlener Pfeffer
- 30 g fein geriebener Parmesan
- 1 TL gehackter frischer Oregano

Backofen auf 180 °C vorheizen.

Mit einem scharfen, schweren Messer oder Hackbeil den Strunk vom Kürbis trennen, dann der Länge nach halbieren. Kerne mit einem Löffel entfernen. Die Kürbishälften mit der Schnittseite nach unten in eine Auflaufform legen und 80 ml Wasser hinzufügen. Etwa 1 Stunde backen, bis der Kürbis weich ist.

Kürbis auf ein Schneidebrett legen. Wenn er soweit abgekühlt ist, dass man ihn angreifen kann, das Fruchtfleisch mit einer Gabel in nudelähnlichen Fäden herauskratzen, bis die Schale erreicht ist. Kürbis in eine Servierschüssel geben und Olivenöl, Knoblauch, ½ TL Salz und ½ TL Pfeffer hinzufügen. Umrühren, damit sich alles gut verbindet. Mit Parmesan bestreuen und nochmals umrühren. Abschmecken. Mit Oregano garnieren und sofort servieren.

Gelbe Tomaten schmecken süßer und sind nicht so säurehaltig wie rote Tomaten, aber Sie können auch rote in diesem Rezept verwenden oder die Sorten mischen. Nehmen Sie bei roten Tomaten etwas weniger Rotweinessig.

Salat mit grünen Bohnen, gelben Tomaten & Minze

Für 4 Personen

- 500 g lange, dünne grüne Bohnen
- 20 g frische Minze, gehackt
- 2 EL natives Olivenöl extra
- Meersalz und frisch gemahlener Pfeffer
- 1 oder 2 reife gelbe Tomaten
- 60 g rote Zwiebel, in dünne Streifen geschnitten
- 2 TL Rotweinessig, oder nach Geschmack

Einen großen Topf zu zwei Drittel mit Wasser füllen und bei hoher Temperatur zum Kochen bringen. Grüne Bohnen putzen und eventuell Fäden ziehen. Dann ins kochende Wasser geben und 5–7 Minuten gar kochen, die genaue Zeit hängt von der jeweiligen Bohnengröße ab. Abgießen und trocken tupfen.

In einer großer Servierschüssel die heißen grünen Bohnen mit Minze, Olivenöl, und ½ TL Salz vermengen. Beiseitestellen und etwa 20 Minuten auf Raumtemperatur abkühlen lassen.

Tomaten in etwa 1 cm dicke Spalten schneiden. Direkt vor dem Servieren die Tomaten, Zwiebel, 2 TL Essig und eine Prise Pfeffer zur Bohnen-Mischung geben und schwenken, damit sich alles gut vermengt. Nach Belieben mit Essig oder Salz und Pfeffer abschmecken. Bei Raumtemperatur servieren.

Nur eine kleine Menge Prosciutto oder magerer Speck verleihen einem Gericht Vielschichtigkeit ohne viel zusätzliches Fett. So können Sie geschmacksneutrales Gemüse oder Hülsenfrüchte, wie hier die Linsen, mit einem einfachen Trick viel interessanter machen.

Linsen mit Schalotten & Prosciutto

Für 4 Personen

- 155 g braune Linsen
- 1 EL Olivenöl
- 125 g frische Fenchelknolle, fein gehackt
- 30 g Schalotten, fein gehackt
- 2 EL Sherryessig
- 60 g Prosciutto, in Streifen geschnitten
- Meersalz und frisch gemahlener Pfeffer
- frisches Fenchelgrün, gehackt, für die Garnierung

Linsen verlesen, da kleine Steine darunter sein könnten. Unter laufendem kalten Wasser gut waschen und abtropfen lassen. In einem Topf Linsen mit reichlich Wasser bei mittlerer bis hoher Temperatur zum Kochen bringen. Auf niedrige bis mittlere Hitze reduzieren und zugedeckt etwa 20 Minuten sanft köcheln lassen, bis die Linsen gar sind. 60 ml des Kochwassers abschöpfen und beiseitestellen. Dann die Linsen in einem Sieb gut abtropfen lassen und wieder in den Topf geben.

In einer Bratpfanne Olivenöl bei mittlerer bis hoher Temperatur erhitzen. Fenchel und Schalotten hinzufügen und unter häufigem Rühren 8 Minuten goldbraun braten. Dann den Inhalt der Pfanne in den Topf mit den Linsen füllen. Essig und das beiseitegestellte Kochwasser in den Topf geben und etwa 3 Minuten kochen lassen, bis die Flüssigkeit auf die Hälfte reduziert ist. Die heiße Flüssigkeit zu den Linsen gießen und den Proscuitto unterrühren. Mit Salz und Pfeffer abschmecken.

Linsen in einer Servierschüssel oder auf einer Platte anrichten, mit dem Fenchelgrün garnieren und sofort servieren.

Dieses schnelle Pfannengericht unterstreicht die natürliche Süße und die knackige Konsistenz von zwei verschiedenen Erbsensorten. Frisches Basilikum mit seinem anisähnlichen Aroma, säuerliche Zitronenschale und herzhafter Pecorino runden diese köstliche, frische und schnell zuzubereitende Beilage ab.

Sautierte Erbsen mit Basilikum & Pecorino

Für 4 Personen

- 1 EL Butter
- 1 EL Olivenöl
- 250 g Knackerbsen, Fäden entfernt
- 500 g (Mark-)Erbsen, ohne Schale
- Meersalz und frisch gemahlener Pfeffer
- 1 unbehandelte Zitrone
- Blätter von 4 frischen Basilikumstängeln, zerzupft
- 30 g Pecorino romano

In einer großen Bratpfanne bei mittlerer Temperatur die Butter mit dem Olivenöl schmelzen. Knackerbsen und (Mark-)Erbsen hinzufügen. 60 ml Wasser dazugießen und eine Prise Salz hinzufügen. Zugedeckt 2 Minuten köcheln lassen. Zudecken und unter gelegentlichem Rühren 2 Minuten garen lassen, bis das Wasser verdampft ist. Die Erbsen sollten knusprig-zart sein und noch immer eine intensive grüne Farbe haben.

2 TL Schale von der Zitrone reiben und sie dann halbieren. Pfanne vom Herd nehmen und den Saft von einer Zitronenhälfte über die Erbsen pressen (die andere Hälfte für anderen Bedarf beiseitelegen). Zitronenschale, Basilikum und jeweils eine Prise Salz und Pfeffer hinzufügen. Käse nach Geschmack darüberreiben und gut umrühren, damit sich alles schön verbindet.

Erbsen in eine vorgewärmte Servierschüssel füllen und sofort servieren.

Schneidet man Winterkürbis in große Stücke, kann es lange dauern, bis er gar ist. Schneidet man ihn jedoch in feine Scheiben, braucht er nur etwa 15 Minuten. So können Sie den nährstoffreichen Kürbis auch wochentags genießen, wenn es nicht so lange dauern soll, hier in einer köstlichen Kombination mit süßen Birnen und wohlriechendem Rosmarin.

Butternusskürbis & Birnen mit Rosmarin

Für 4 Personen

- 1 Boscs Flaschenbirne
- 1 EL Traubenkern- oder Rapsöl
- 1/2 kleiner Butternusskürbis (etwa 375 g), geschält, entkernt und in dünne Spalten geschnitten
- Meersalz
- 1 EL fein gehackter frischer Rosmarin
- 1 Prise Cayennepfeffer
- 125 ml Apfelsaft

Birne halbieren, entkernen und der Länge nach in dünne Spalten schneiden.

In einer Bratpfanne das Öl bei mittlerer bis hoher Temperatur erhitzen. Kürbis und 1 TL Salz hinzufügen. Unter häufigem Rühren etwa 5 Minuten braten, bis der Kürbis an den Enden Farbe angenommen hat und weicher wird.

Birne, Rosmarin, Cayennepfeffer und Apfelsaft hinzugeben und 6–8 Minuten köcheln lassen, bis die Flüssigkeit verdampft und der Kürbis gar ist.

In einer Servierschüssel anrichten. Heiß, warm oder bei Raumtemperatur servieren.

Mittelkörniger Naturreis hat eine klebrige Konsistenz und einen nussigen Duft und Geschmack. Vollkornreis mit seiner intakten Schale ist viel gesünder als weißer Reis. Sesamsamen verstärken den nussigen Geschmack und liefern Kalzium.

Sesam-Naturreis

Für 4 Personen

220 g mittelkörniger Naturreis

Meersalz

2 TL Sesamsamen

1 TL asiatisches Sesamöl

1 EL in feine Streifen geschnittenes Frühlingszwiebelgrün

In einem Topf 700 ml Wasser bei hoher Temperatur zum Kochen bringen. Reis und ½ TL Salz hinzufügen, einmal umrühren und dann auf niedrige Temperatur reduzieren. Zugedeckt sehr sanft 35–45 Minuten köcheln lassen, bis der Reis das ganze Wasser aufgenommen hat und die Körner gar sind.

Währenddessen eine kleine Bratpfanne bei mittlerer Temperatur erhitzen, darin die Sesamsamen unter ständigem Rühren etwa 2 Minuten rösten, bis sie duften und leicht Farbe angenommen haben. Dann sofort aus der Pfanne nehmen und auf einem Teller abkühlen lassen. Beiseitestellen.

Vorsichtig den Deckel vom Topf nehmen, damit kein Kondenswasser auf den Reis tropft. Sesamöl gleichmäßig darüberträufeln und mit der Hälfte der Sesamsamen bestreuen. Den Reis vorsichtig mit einer Gabel oder dem Endstück eines Holzlöffels auflockern.

Reis in einer vorgewärmten Servierschüssel anrichten. Mit den restlichen Sesamsamen und Frühlingszwiebeln garnieren. Sofort servieren.

Vollkorn-Bulgur und die leicht zuzubereitenden Linsen verbinden sich hier mit aromatischem Gemüse, duftenden Gewürzen und frischen Kräutern zu einem vielseitigen Pilaw, der zu jedem Gericht passt. Die Mandel-Garnierung sorgt für mehr Eiweiß und einen knusprigen Biss.

Bulgur-Linsen-Pilaw mit Mandeln

Für 4 Personen

- 155 g braune Linsen
- 2 EL Olivenöl
- 1 gelbe Zwiebel, gehackt
- 2 Knoblauchzehen, gehackt
- 185 g mittelkörniger Bulgur
- 1 TL gemahlener Koriander
- Meersalz und frisch gemahlener Pfeffer
- 500 ml salzarme Gemüsebrühe oder Wasser
- 45 g geröstete Mandeln
- 10 g frische glatte Petersilienblätter
- 1 EL abgeriebene Schale von einer unbehandelten Zitrone
- 2 EL frischer Zitronensaft

Linsen verlesen, da kleine Steine darunter sein könnten. Gründlich unter laufendem kalten Wasser waschen und abtropfen lassen. In einen kleinen Topf Linsen und ausreichend Wasser geben und bei mittlerer bis hoher Temperatur aufkochen lassen. Auf niedrige bis mittlere Temperatur reduzieren und etwa 20 Minuten sanft köcheln lassen, bis die Linsen gar, aber noch bissfest sind. Gut abgießen und beiseitestellen.

In einer großen Bratpfanne Olivenöl bei mittlerer bis hoher Temperatur erhitzen. Zwiebel darin unter häufigem Rühren 2–3 Minuten anschwitzen, bis sie weich ist. Dann Knoblauch, Bulgur, Koriander, ¼ TL Salz und ¼ TL Pfeffer hinzufügen und unter häufigem Rühren etwa 1 Minute anbraten. Linsen und Brühe dazugeben und aufkochen lassen. Dann auf niedrige Temperatur reduzieren, zudecken und 5 Minuten köcheln lassen. Vom Herd nehmen und 15 Minuten zugedeckt ziehen lassen.

Mandeln, Petersilie und Zitronenschale auf ein Schneidebrett legen und gemeinsam grob hacken. Den Pilaw mit einer Gabel auflockern und Zitronensaft unterrühren. MIt Salz und Pfeffer abschmecken. Pilaw auf einer Servierplatte anrichten, mit der Mandel-Mischung garnieren und sofort servieren.

Wenn Sie Dinkel kaufen, können Sie ruhig zu schnellkochendem Dinkel greifen. Seine Schale wurde durch vorsichtiges Polieren aufgeschlossen, sodass er schneller gar wird, aber trotzdem noch einige Vollkorn-Vorteile besitzt.

Dinkel-Salat mit Artischockenherzen

Für 4–6 Personen

- 315 g schnellkochender Dinkel
- Meersalz und frisch gemahlener Pfeffer
- 75 g Pinienkerne
- 45 g getrocknete Tomaten, in Olivenöl eingelegt
- 1 Glas (440 g) Artischockenherzen (natur)
- 6 EL (90 ml) Rotweinessig
- 3 EL natives Olivenöl extra
- 75 g rote Zwiebel, fein gehackt, gewaschen und gut abgetropft
- 20 g frische glatte Petersilie, gehackt

Dinkel verlesen, da kleine Steine darunter sein könnten. Unter laufendem kalten Wasser gut waschen und abtropfen lassen. Dinkel mit 625 ml Wasser und einer großzügigen Prise Salz bei hoher Temperatur in einem Topf aufkochen lassen. Dann auf niedrige bis mittlere Temperatur reduzieren und 25–30 Minuten sanft köcheln lassen, bis der Dinkel das gesamte Wasser aufgenommen hat und gar ist.

In einer kleinen Bratpfanne bei mittlerer Temperatur die Pinienkerne unter häufigem Rühren 2–3 Minuten rösten, bis sie duften und etwas Farbe angenommen haben. Dabei gut aufpassen, damit sie nicht anbrennen. Sofort auf einen Teller geben, damit sie abkühlen können. Beiseitestellen.

Die getrockneten Tomaten abgießen, das Olivenöl wenn gewünscht dabei auffangen und statt eines Teils des Olivenöls verwenden. Tomaten in feine Streifen schneiden. Artischocken abgießen, waschen und nochmals abtropfen lassen Vierteln.

In einer großen Schüssel Essig und Olivenöl (oder eine Mischung aus dem Tomatenöl und Olivenöl) verrühren. Dinkel, Tomaten, Artischockenherzen, Zwiebel, Petersilie und Pinienkerne hinzufügen und alles vorsichtig vermengen. Großzügig mit Salz und Pfeffer abschmecken. Sofort servieren.

Tun Sie Ihrer Leber etwas Gutes

Bis zum Herzen einer Artischocke vorzudringen kann Geduld verlangen, aber das ist es wert: Sie enthält einzigartige, selten vorkommende leberentgiftende Wirkstoffe. Damit Sie auch von den Antioxidantien und Vitamin C profitieren, dämpfen Sie Artischocken, statt sie zu kochen. Oder schälen Sie das Gemüse roh und entfernen das faserige Heu, um das fleischige Herz freizulegen und es dann in den Rezepten Ihrer Wahl zu verwenden.

Servieren Sie Artischocken wie die Italiener – roh und fein geschnitten als Salat. Schmoren und Dämpfen sind andere gesunde Zubereitungsarten. Sie können Artischockenherzen auch im Glas oder gefroren kaufen, um damit einen leckeren Dinkelsalat zu verfeinern (Seite 177).

Viererlei von der Artischocke

Salat mit Artischockenstreifen

Acht mittelgroße Artischocken der Länge nach halbieren und mit einem kleinen Löffel das faserige Heu entfernen. Dann in Zitronenwasser tauchen. Die Artischocken der Länge nach fein schneiden, in eine Schüssel legen und in 2 EL Nativem Olivenöl Extra schwenken. 155 g Frisée-Salat hinzufügen, mit Salz und Pfeffer abschmecken und den Saft von einer Zitronenhälfte darüberträufeln. Nochmals vorsichtig schwenken und auf einer Servierplatte anrichten. Mit ein wenig gehobeltem Parmesan garnieren und sofort servieren. Für 4 Personen.

Artischocken mit Kräuter-Joghurt-Sauce

Vier geputzte Artischocken mit dem Stiel nach oben nebeneinander in einen Dämpfeinsatz setzen und über köchelndem Wasser 30–40 Minuten dämpfen, bis die Enden leicht mit einem Messer eingestochen werden können. In einer Schüssel 250 g fettarmen Naturjoghurt, 30 g gehackte frische Kräuter, eine gehackte Frühlingszwiebel und einen Tropfen Agavendicksaft verrühren und mit Salz und Chilisauce abschmecken. Artischocken mit der Dipsauce servieren. Für 4 Personen.

Geschmorte Artischocken mit Zitrone & Knoblauch

Die Spitzen von sechs großen Artischocken abschneiden. Der Länge nach halbieren und mit einem kleinen Löffel das faserige Heu entfernen. Artischocken mit dem Saft von ½ Zitrone in einen Topf geben. Zehn halbierte Knoblauchzehen, fünf frische Thymianzweige, zwei Lorbeerblätter, ½ TL Salz und 60 ml Olivenöl hinzufügen. Mit Wasser bedecken, bei mittlerer bis hoher Temperatur aufkochen lassen, dann auf mittlere Temperatur reduzieren und 5 Minuten köcheln lassen. Vom Herd nehmen und im Topf etwa 1 Stunde abkühlen lassen, bis sich die Artischocken leicht mit einem Messer einstechen lassen. Mit gehackter frischer Petersilie garnieren und sofort servieren. Für 6 Personen.

Artischocken-Vinaigrette

625 g Baby-Artischocken putzen, nebeneinander in einen Dämpfeinsatz setzen und 8–10 Minuten über köchelndem Wasser dämpfen, bis sich die Böden leicht mit dem Messer einstechen lassen. Abkühlen lassen, dann nebeneinander in eine Auflaufform setzen. Mit 3 EL Olivenöl beträufeln und bei 200 °C 10–12 Minuten im Backofen braten, bis sie goldbraun sind. 1 EL Rotweinessig, 2 TL gehackten frischen Oregano, ½ gehackte Knoblauchzehe, Salz und Pfeffer hinzufügen. Kurz ziehen lassen, damit sich die Aromen entfalten. Für 4 Personen.

Geröstete Gewürze verleihen diesem knackigen Salat aus geraspeltem Wurzelgemüse Wärme. Harissa, eine nordafrikanische Chili-Gewürzpaste, heizt diesen einzigartigen Crudités außerdem ein bisschen ein.

Orientalischer Karotten-Pastinaken-Salat

Für 6 Personen

- 1/4 TL gemahlener Zimt
- 1/4 TL gemahlener Cumin
- 1/4 TL gemahlener Koriander
- 1/8 TL gemahlener Ingwer
- 3 große Karotten (insgesamt 375 g)
- 3 große Pastinaken (insgesamt 375 g)
- 60 ml frischer Zitronensaft
- 1 EL Honig
- 3/4 TL Harissa
- Meersalz und frisch gemahlener Pfeffer
- 6 EL (90 ml) natives Olivenöl extra
- 60 g geröstete geschälte Pistazienkerne, grob gehackt
- 125 g Rosinen
- 10 g frisches Koriander oder frische Minze, grob gehackt

In einer kleinen, schweren Bratpfanne bei niedriger bis mittlerer Temperatur Zimt, Cumin, Koriander und Ingwer vermengen und unter ständigem Rühren etwa 2 Minuten rösten, bis es duftet. Vom Herd nehmen und auf Raumtemperatur abkühlen lassen.

Karotten und Pastinaken schälen und grob raspeln. Beiseitestellen.

In einer kleinen Glas- oder Porzellanschüssel die gerösteten Gewürze, Zitronensaft, Honig, Harissa und einen knappen ½ TL Salz verrühren. Langsam das Olivenöl für das Dressing unterrühren. Abschmecken.

In einer Schüssel Pistazien mit einer Prise Salz verrühren. Karotten und Pastinaken, Rosinen, ½ TL Salz, etwas Pfeffer und das Dressing hinzufügen und gut umrühren. Nochmals abschmecken. Auf einer Servierplatte oder -schüssel anrichten, mit Koriandergrün garnieren und sofort servieren.

Sardellen sind tolle Omega-3-Lieferanten. Sie eignen sich auch gut dafür, Gerichten einen einzigartigen, herzhaften Geschmack zu verleihen, so wie sie das in diesem Rezept mit sautiertem Blattgemüse, Zwiebeln und Tomaten tun.

Mangold mit Tomaten, Zitrone & Sardellen

Für 4 Personen

- 1 großer Bund Mangold
- 3 EL Olivenöl
- 180 ml salzarme Gemüse- oder Hühnerbrühe
- 2 oder 3 Sardellenfilets, gewaschen und trocken getupft
- 2 EL frischer Zitronensaft
- Frisch gemahlener Pfeffer
- 1/2 gelbe Zwiebel, gehackt
- 2 reife Eiertomaten, entkernt und gehackt

Stiele des Mangolds von den Blättern trennen, dabei auf beiden Seiten entlang der Hauptader schneiden. Blätter aufeinanderlegen, der Länge nach einrollen und quer in etwa 2 cm breite Streifen schneiden. Die harten Enden der Stiele entfernen und dann quer in 1 cm große Stücke schneiden.

In einer Bratpfanne 1 EL Olivenöl bei mittlerer bis hoher Temperatur erhitzen. Mangoldstiele hinzufügen und 5 Minuten braten. 60 ml Brühe dazugießen und 3–4 Minuten garen, bis die Stiele zart sind und kaum noch Flüssigkeit in der Pfanne ist. Vom Herd nehmen. Stiele auf die eine Seite der Pfanne schieben und die Sardellen auf die andere Seite geben. Die Sardellen mit dem Rückseite eines Holzlöffels zerdrücken, bis sie cremig sind, dann mit Zitronensaft unter die Mangoldstiele rühren. Mit Pfeffer würzen. Die Mangoldstiele auf eine vorgewärmte Platte legen.

In einer sauberen Bratpfanne bei mittlerer bis hoher Temperatur die restlichen 2 EL Olivenöl erhitzen. Zwiebel darin 6–7 Minuten anschwitzen, bis sie goldbraun ist. Mangoldblätter in kleineren Portionen hinzufügen und unter Rühren garen, bis jede Portion zusammengefallen ist. Tomaten und die restlichen 125 ml Brühe dazugeben und unter gelegentlichem Rühren etwa 10 Minuten köcheln. Blätter auf der Platte mit den Stielen verteilen. Sofort servieren.

Erdige Quinoa, angenehm bitterer Radicchio, süßliche Sauerkirschen und knusprige Pistazien werden in diesem unerwartet köstlichen Salat kombiniert. Gehen Sie ruhig großzügig mit dem Basilikum um, wenn Sie dem Gericht ein stärkeres Kräuteraroma verleihen möchten.

Quinoa-Radicchio-Salat mit getrockneten Kirschen & Nüssen

Für 4 Personen

- 250 g Quinoa
- 1/2 Kopf Radicchio (etwa 125 g), Mittelteil entfernt und fein geschnitten
- 60 ml Balsamicoessig
- 2 EL Olivenöl
- 30 g getrocknete Sauerkirschen
- 30 g geschälte, geröstete Pistazien, gehackt
- 3 EL gehackte frische glatte Petersilie
- Meersalz und frisch gemahlener Pfeffer
- zerzupfte Basilikumblätter, für die Garnierung

Quinoa in ein feinmaschiges Sieben geben. Unter laufendem kalten Wasser gut waschen und abtropfen lassen. In einem Topf 500 ml Wasser bei hoher Temperatur zum Kochen bringen. Quinoa hinzufügen, einmal umrühren und auf niedrige Temperatur reduzieren. Zugedeckt ohne Rühren etwa 15 Minuten köcheln lassen, bis die Quinoa das gesamte Wasser aufgenommen hat und gar ist. Vom Herd nehmen, 5 Minuten zugedeckt ziehen lassen, dann mit einer Gabel auflockern und in eine große Schüssel füllen.

Radicchio, Essig, Olivenöl, Sauerkirschen, Pistazien und Petersilie zur warmen Quinoa geben und alles vorsichtig vermengen. Mit Salz und Pfeffer abschmecken. Mit Basilikum garnieren und warm oder bei Raumtemperatur servieren.

Desserts

Dieser Crumble zeigt, wie man die Butter in der Teigkruste reduzieren kann, indem man sie durch Buttermilch und andere magere Zutaten ersetzt. Wenn man die Erdbeeren halbiert, statt sie in Scheiben zu schneiden, werden sie in der Füllung nicht matschig.

Obst-Crumble mit dreierlei Beeren

Für 6 Personen

- Taubenkernöl, zum Fetten
- 250 g Blaubeeren
- 500 g Himbeeren
- 500 g Erdbeeren, entstrunkt und längs halbiert
- 75 g Himbeerkonfitüre
- 1 EL Maniokstärke (erhältlich im Asia-Laden, alternativ Kartoffelstärke)
- 75 g Vollkornmehl
- 75 g Mehl (Type 550)
- 2 TL Backpulver
- 1/4 TL Natron
- 1/2 TL Meersalz
- 3 EL weiche Butter
- 90 g Zucker
- 80 ml fettarme Buttermilch

Backofen auf 180 °C vorheizen. Eine 20 cm lange, rechteckige Auflaufform aus Edelstahl oder mit Keramikbeschichtung leicht mit Traubenkernöl fetten. (Verwenden Sie bei diesem Gericht keine Glasform.)

Für die Füllung Blaubeeren, Himbeeren, Erdbeeren, Konfitüre und Stärke in einer Schüssel vermengen. Mit einem Teigschaber vorsichtig umrühren, damit die Beeren von der Konfitüre bedeckt werden. Die Früchte in die vorbereitete Form füllen und gleichmäßig verstreichen.

Für die Teigkruste das Mehl, Backpulver, Natron und Salz in einer Schüssel vermengen. In einer anderen Schüssel mit dem Handmixer Butter und Zucker auf hoher Stufe etwa 3 Minuten schaumig schlagen. Auf mittlere Stufe reduzieren und die Hälfte der Buttermilch unterrühren. Etwa die Hälfte der trockenen Zutaten hinzufügen und gut vermengen. Dann die restliche Buttermilch unterrühren. Die übrigen trockenen Zutaten hinzufügen und zu einem dicken, klebrigen Teig verrühren. Nicht zu lange mixen.

Teig auf das Obst löffeln. So gleichmäßig wie möglich mit der Rückseite des Löffels verstreichen, ein paar Beeren bleiben dabei unbedeckt.

Den Auflauf etwa 40 Minuten backen, bis die Kruste tief goldbraun ist und die Früchte Blasen werfen. Auf ein Drahtgitter stellen und abkühlen lassen. Den Crumble lauwarm auf Desserttellern anrichten und servieren.

Frisches Basilikum findet man selten in Desserts – in dieser eisigen Granita passt es perfekt zur reifen Zuckermelone. Verwenden Sie nur qualitativ hochwertige, reife Produkte, damit die Granita einen tollen Geschmack erhält, gerade weil dieses Rezept mit so wenigen Zutaten auskommt.

Zuckermelonen-Basilikum-Granita

Für 8 Personen

30 frische Basilikumblätter
60 ml frischer Limettensaft
155 g Zucker
1 reife Zuckermelone (2 kg)

20 Basilikumblätter grob hacken, die restlichen Blätter beiseitelegen. In einem kleinen Topf aus Edelstahl oder mit Keramikbeschichtung Limettensaft, Zucker und 2 EL Wasser vermengen und bei mittlerer bis hoher Temperatur zum Köcheln bringen. Unter gelegentlichem Rühren etwa 2 Minuten köcheln lassen, bis sich der Zucker aufgelöst hat. Vom Herd nehmen, das gehackte Basilikum unterrühren und zugedeckt 15 Minuten ziehen lassen.

Währenddessen die Zuckermelone halbieren und die Kerne mit einem Löffel entfernen. Schale ebenfalls entfernen und das Fruchtfleisch in 2½ cm große Würfel schneiden.

Basilikum-Mischung durch ein feinmaschiges Sieb in eine Schüssel passieren. Die Hälfte der Melonenwürfel hinzufügen und mit einem Pürierstab oder einer Küchenmaschine pürieren. Die restlichen Melonenwürfel hinzugeben und kurz pürieren, dann die restlichen Basilikumblätter hinzufügen und pürieren, bis eine glatte Mischung entstanden ist. Die Mischung in eine Auflaufform (33 x 23 x 5 cm) aus Glas füllen. Mit Frischhaltefolie zudecken und in den Tiefkühler stellen. Darauf achten, dass die Form gerade steht.

Nach 1–1½ Stunden nach der Granita sehen. Wenn die Mischung an den Ecken der Form anfriert, mit einer Gabel durchrühren, dann wieder in den Tiefkühler geben. Die Granita dann etwa alle 45 Minuten mit der Gabel auflockern, bis die Mischung komplett gefroren ist und eine körnige und lockere Konsistenz hat, insgesamt weitere 2–3 Stunden.

Die Granita in Schüsseln anrichten und sofort servieren. (Am besten schmeckt die Granita, wenn sie innerhalb von zwei Tagen verbraucht wird. Wenn sie im Tiefkühler sehr hart und trocken wird, 10–15 Minuten vor dem Servieren bei Raumtemperatur stehen lassen und mit einer Gabel auflockern.)

Perfekte Flüssigkeitszufuhr

Melonen bestehen zu 90 Prozent aus Wasser, sind reich an Nähr- und Ballaststoffen und arm an Kalorien, wodurch sie Ihnen mit Leichtigkeit helfen können, abzunehmen oder das Gewicht zu halten. Wassermelonen enthalten viel Vitamin C und das Antioxidans Lycopin. Zuckermelonen liefern jede Menge Vitamin C und A und Kalium. Honigmelonen enthalten ähnliche Nährstoffe wie die Zuckermelone, nur etwas weniger davon.

Genießen Sie Melonen den ganzen Tag über, da sie immer passen, vom Frühstück über Desserts bis hin zum Abendessen. Sie sind nährstoffreich und kalorienarm und daher auch perfekt als Zwischenmahlzeit geeignet, entweder pur oder mit Gewürzen aufgepeppt.

Viererlei von der Melone

Zuckermelonen-Limonade

In einem Mixer 750 g entkernte und gewürfelte Zuckermelone, 80 ml frischen Limettensaft, 7 g frische Minzeblätter und Agavendicksaft nach Geschmack auf höchster Stufe pürieren, bis eine geschmeidige Mischung entstanden ist. In einen Krug füllen und 1 l Wasser unterrühren. Direkt vor dem Servieren Eiswürfel hineingeben. Für 4–6 Personen.

Gegrillte Honigmelone im Prosciutto-Mantel

Honigmelonenspalten in Prosciutto einwickeln, das Fett des Schinkens nach Belieben vorher entfernen. Leicht mit Olivenöl bestreichen und bei mittlerer Temperatur auf einen Grill legen. Grillen, bis die Frucht warm ist und der Schinken ein wenig Farbe angenommen hat. Als Vorspeise oder auf einem Rucola-Bett als Beilage servieren. Je nach Verwendung für unterschiedlich viele Personen.

Wassermelone mit Chilisalz

In einer kleinen Schüssel vorsichtig 1 TL Chiliflocken, 1 TL abgeriebene Schale von einer unbehandelten Limette und 1 EL grobes Salz verrühren. Das Chilisalz auf sechs Wassermelonenspalten streuen. Sofort servieren. Für 6 Personen.

Wassermelonen-Limetten-Eis

In einem Mixer oder einer Küchenmaschine 750 g gewürfelte kernlose Wassermelone, 2 TL Agavendicksaft, 2 EL frischen Limettensaft und eine Prise Salz pürieren. Auf Eis-Formen verteilen und in den Tiefkühler geben. Für Eis am Stiel nach etwa 1 Stunde die Stäbchen hineinstecken und wieder in den Tiefkühler geben. Tiefkühlen, bis das Eis ganz gefroren ist, mindestens 3 Stunden bis maximal 3 Tage. Ergibt 6–10 Portionen, je nach Größe der Formen.

In dieser ungewöhnlichen, spanischen Variante von Schokoladenmousse ersetzt natives Olivenöl extra die üblicherweise verwendete Sahne, wodurch die Mousse eine seidige Textur und einen Hauch des Geschmacks von Olivenöl bekommt. Verwenden Sie ein sehr mildes Öl, damit es den Geschmack der Schokolade nicht übertüncht.

Olivenöl-Schokoladenmousse

Für 4 Personen

- 185 g Zartbitterschokolade, fein gehackt
- 3 große Eigelb
- 60 ml mildes natives Olivenöl extra
- 3 EL warmes Wasser
- 1/4 TL Meersalz
- 2 große Eiweiß
- 1/8 TL Weinstein
- 60 g Zucker
- Schokoladenraspel für die Garnierung (optional)

In einer hitzefesten Schüssel die Schokolade über einem Wasserbad schmelzen. Vom Herd nehmen und mit dem Eigelb, dem Olivenöl, warmem Wasser und Salz verquirlen, bis sich alles gut verbunden hat.

In einer sauberen Schüssel mit einem elektrischen Mixer bei mittlerer bis hoher Stufe das Eiweiß mit dem Weinstein schaumig schlagen. Zucker hinzufügen und steif schlagen. Ein Drittel vom Eischnee unter die Schokoladen-Mischung heben, bis keine weißen Schlieren mehr zu sehen sind. Dann den restlichen Eischnee vorsichtig unterheben.

Die Mousse auf Puddingförmchen verteilen und in den Kühlschrank stellen, bis die Mousse erkaltet ist, mindestens 4 Stunden oder über Nacht.

Nach Belieben mit Schokoladenraspeln garniert servieren.

Anmerkung: Dieses Rezept enthält rohe Eier. Wenn Sie gesundheitliche Bedenken haben, dann vermeiden Sie Speisen, die rohe Eier beinhalten.

Obwohl man Beeren das ganze Jahr über im Supermarkt erhält, schmecken sie im Frühling und im Sommer oft am besten. Pralle Beeren mit intensiven Farben bieten den meisten Geschmack. Dieses Kompott passt auch gut zu Waffeln oder Kaiserschmarrn.

Warmes Beerenkompott

Für 4 Personen

- 25 g Zucker
- 250 g Erdbeeren, entstrunkt und geviertelt
- 125 g Blaubeeren
- 125 g Brombeeren
- 2 TL frischer Zitronensaft
- 1 Prise Meersalz
- 2 EL weiche Butter
- Frozen Yoghurt mit Vanillegeschmack, zum Servieren

In einer großen Pfanne aus Edelstahl oder mit Keramikbeschichtung Zucker und 60 ml Wasser bei mittlerer Temperatur zum Kochen bringen, dabei umrühren, damit sich der Zucker auflöst. 2 Minuten kochen, dann Erdbeeren, Blaubeeren, Brombeeren, Zitronensaft und Salz dazugeben. Erneut aufkochen lassen, Butter hinzufügen und vorsichtig rühren, bis die Butter geschmolzen ist.

Jeweils eine Kugel Frozen Yoghurt in einer Dessertschüssel anrichten und mit dem Kompott garnieren, dabei nicht nur Früchte, sondern auch Sauce verwenden. Sofort servieren.

Mit diesem Rezept setzen Sie sommerreife Melonen perfekt in Szene. Die Zutaten mögen Sie überraschen, doch Cayennepfeffer setzt einen interessanten, feurigen Kontrast und eine Prise Meersalz bringt die Süße der Frucht erst richtig zur Geltung.

Pikant-süße Melone mit Limette

Für 4–6 Personen

- 180 g Honig
- 60 ml frischer Limettensaft
- eine Prise Cayennepfeffer
- 1 TL abgeriebene Schale von einer unbehandelten Limette
- ½ kleine, reife, kernlose Wassermelone (etwa 1½ kg)
- 1 reife kleine Zuckermelone (etwa 1½ kg)
- 1 Prise Meersalz
- 2–3 EL zerzupfte frische Minze

In einem kleinen Topf bei mittlerer bis hoher Temperatur Honig, Limettensaft und Cayennepfeffer vermengen. Aufkochen lassen, dann auf niedrige Temperatur reduzieren und 3 Minuten köcheln lassen, damit sich die Aromen entfalten. Vom Herd nehmen und abkühlen lassen, bis die Mischung lauwarm ist. Limettenschale unterrühren. Auf Raumtemperatur abkühlen lassen.

Die Schale von der Wassermelone und das Fruchtfleisch in mundgerechte Würfel schneiden. Zuckermelone halbieren und die Kerne mit einem Löffel entfernen. Die Schale entfernen und das Fruchtfleisch würfeln.

Alle Melonenstücke in eine weite, flache Servierschüssel geben und mit der Hälfte des Honig-Limetten-Sirups beträufeln. Vorsichtig vermengen. Dann mit dem restlichen Sirup beträufeln. Mit Salz und Minze bestreuen und sofort servieren.

Dieses Rezept funktioniert mit allen Steinobstsorten, aber Pflaumen passen besonders gut zum exotischen Geschmack von Sternanis. Sie können diese Pflaumen auch zum Brunch servieren, als Garnierung für Pfannkuchen oder einen heißen Frühstücksbrei oder als süße Zugabe in einem Parfait aus fettarmem Joghurt und Müsli.

Sternanis-Pflaumen

Für 4 Personen

Traubenkernöl, zum Fetten

4 reife rote Pflaumen, halbiert und Stein entfernt

1 EL brauner Zucker

8 Stück Sternanis

fettarmer Frozen Yogurt, zum Anrichten

Backofen auf 200 °C vorheizen. Eine Auflaufform, die gerade groß genug ist, dass die Pflaumenhälften nebeneinander hineinpassen, dünn mit Traubenkernöl bestreichen.

Pflaumen mit der Schnittseite nach oben nebeneinander in die Auflaufform legen. Eventuell auf der Unterseite ein schmalen Streifen abschneiden, damit die Pflaumen flach in der Auflaufform liegen. Braunen Zucker über die Pflaumenhälften streuen, dann den Sternanis auf die Hälften setzen. Etwa 15 Minuten im Backofen braten, bis der Zucker geschmolzen ist, die Pflaumen warm sind und ihre Schale an den Schnittflächen beginnt schrumpelig zu werden. Nach Belieben etwas abkühlen lassen oder gleich verwenden.

Zum Servieren Frozen Yorhurt auf Dessertschüsseln verteilen, jeweils zwei Pflaumenhälften daraufsetzen (vorher den Sternanis entfernen) und sofort servieren.

Gebackene Sommerfrüchte sind unwiderstehlich, wenn Sie sie mit krümeligen Mandel-Streuseln garnieren. Sie können auch Pfirsiche oder Pflaumen verwenden. Für einen schönen Kontrast servieren Sie die warmen Nektarinen mit ein wenig kaltem, fettarmem Vanille-Joghurt.

Gebackene Nektarinen mit Mandel-Zimt-Streusel

Für 4 Personen

Traubenkernöl, zum Fetten

4 reife, aber feste Nektarinen, halbiert und Steine entfernt

60 g Vollkornmehl

6 EL (75 g) brauner Zucker

1/2 TL gemahlener Zimt

1/8 TL Meersalz

2 EL Butter

60 g geröstete Mandeln, gehackt

Backofen auf 200 °C vorheizen. Eine Auflaufform (23 x 33 cm) dünn mit Traubenkernöl ausstreichen.

Nektarinen mit der Schnittseite nach oben in die vorbereitete Auflaufform legen. Eventuell auf der Unterseite einen schmalen Streifen abschneiden, damit die Nektarinen flach in der Auflaufform liegen. Beiseitestellen.

In einer Küchenmaschine Mehl, braunen Zucker, Zimt und Salz gut vermischen. Butter hinzugeben und zu einer Mischung verarbeiten, die an grobe Streusel erinnert. Nicht zu viel mixen. Mandeln unterrühren. Die Streusel gleichmäßig auf den Nektarinenhälften verteilen, dabei leicht andrücken.

Nektarinen etwa 20 MInuten backen, bis sie mit einem kleinen Messer leicht eingestochen werden können und die Streusel schön goldbraun sind. Jeweils zwei Nektarinenhälften auf einem Dessertteller anrichten und warm servieren.

In diesem Rezept verleihen frische Lorbeerblätter eine faszinierende Geschmacksnote, die sonst nur in herzhaften Gerichten zur Geltung kommt. Hier ergänzen sie honigsüße Birnen, nach Mandeln duftenden Amaretto, geröstete Nüsse und säuerlichen, griechischen Joghurt.

Gebackene Lorbeer-Birnen mit Honig & griechischem Joghurt

Für 6 Personen

- 45 g Mandelstifte
- 3 reife, aber feste Boscs Flaschenbirnen
- 140 g Honig
- 4 frische Lorbeerblätter
- 3 EL Butter, in 6 Stücke geschnitten
- 2 EL Amaretto
- 375 g fettarmer griechischer Naturjoghurt

Backofen auf 190 °C vorheizen. Mandeln auf ein tiefes Backblech legen und im Backofen unter ein- oder zweimaligem Wenden 5–6 Minuten rösten, bis sie duften und goldbraun sind. Backofen nicht ausschalten.

Birnen längs halbieren. Mit einem Melonenausstecher die Kerne entfernen.

In einem Bräter Honig und Lorbeerblätter bei mittlerer bis hoher Temperatur zum Köcheln bringen. Auf mittlere Temperatur reduzieren und etwa 3 Minuten weiterköcheln lassen, dabei gelegentlich umrühren, bis der Honig duftet und eine intensive Bernsteinfarbe annimmt. Vom Herd nehmen.

Butterstücke gleichmäßig im Bräter verteilen. Mit einer Zange vorsichtig jeweils eine Birne mit der Schnittseite nach unten auf ein Stück Butter legen. Zudecken und etwa 10 Minuten im Backofen backen. Mit der Zange die Birnen umdrehen. Mt der Honig-Mischung übergießen, dann mit Amaretto beträufeln und ohne Deckel weitere 6–8 Minuten backen, bis die Birnen goldbraun sind und ein Messer das Fruchtfleisch leicht durchdringt. Aus dem Backofen nehmen und die Birnen in der Honig-Mischung 30 Minuten leicht abkühlen lassen.

In einer Schüssel den Joghurt glatt rühren. Die Birnenhälften auf einer Servierplatte anrichten, die Honig-Mischung darüberträufeln und mit gerösteten Mandeln bestreuen. Sofort servieren. Dazu den Joghurt reichen.

Frisch gepflückte Nährstoffe

Eine Birne enthält 5 g Ballaststoffe, Kalium, Vitamin C, Folsäure und Antioxidantien. Ihr hoher Wasseranteil sorgt für ein schnelles Sättigungsgefühl, daher eignen sich Birnen wie Williams und Boscs in ihrer Hauptsaison (Herbst, Winter) gut als Zwischenmahlzeit. Birnen müssen grün gepflückt werden und reifen dann nach. Für den vollen Geschmack lassen Sie sie bei Raumtemperatur so lange nachreifen, bis sie sich neben dem Stiel leicht eindrücken lassen.

Die vielseitigen Birnen vertragen sich mit zahlreichen Zutaten. Kosten Sie sie roh als süßen Kontrast zu säuerlichen Cranberrys in einem frischen Relish oder auch in einem Salat. Gebraten oder gebacken passen Birnen gut zu süßem Gemüse und unterstützen herzhaftes Fleisch und Geflügel durch ihr süßsaures Aroma.

Viererlei von der Birne

Birnen-Orangen-Cranberry-Relish

In einer Küchenmaschine eine unbehandelte Navelorange mit dünner Schale, halbiert und in feine Spalten geschnitten (einschließlich Schale), 375 g Cranberrys und 2–3 EL Zucker zerkleinern, bis alles sehr fein gehackt ist. In eine Schüssel geben und zwei feste, aber reife, geschälte, entkernte und fein gehackte Birnen und ½ TL gemahlenen Kardamom unterrühren. Gut durchmischen und etwa 1 Stunde kühl stellen, dann servieren. Passt gut zu Grillhähnchen oder Fleisch. Ergibt etwa 1 l.

Birnen-Fenchel-Salat

In einer großen Schüssel 1 EL Sherryessig, 2 EL natives Olivenöl extra und 1 EL grob geriebenen Pecorino verrühren und mit Salz und Pfeffer abschmecken. 1 gehobelte Fenchelknolle hinzufügen und alles gut vermengen. Auf Tellern ein Bett aus jeweils 45 g jungem Rucola drapieren und darauf etwas Fenchelsalat anrichten. Jeden Salat mit einer ½ Birne, entkernt und in feine Scheiben geschnitten, garnieren. Mit jeweils 1 EL Korinthen bestreuen. Für 4 Personen.

Birnen & Pastinaken mit Mandeln

500 g Pastinaken, geschält und geviertelt, und drei Birnen (Boscs oder Anjou), längs geviertelt und entkernt, auf ein tiefes Backblech geben. Mit 3 EL Olivenöl beträufeln und Salz bestreuen, dann schwenken, damit alles gut bedeckt ist. Gemüse und Obst gleichmäßig auf dem Blech verteilen und bei 200 °C im Backofen 30–40 Minuten backen, bis es gar und goldbraun ist. Mit 3 EL gerösteten Mandeln garnieren und sofort servieren. Für 6 Personen.

Schmackhafte Birnen aus dem Ofen

Eine flache Auslaufform fetten und 1 EL Ahornsirup in die Form träufeln. Vier feste, aber reife Birnen (Bosc, Williams oder Anjou) längs halbieren, entkernen und mit der Schnittseite nach oben in die Form legen. Die Schnittseiten mit frischem Zitronensaft bestreichen und mit 1 EL gehacktem frischen Salbei bestreuen. Birnen mit 2 EL trockenem Weißwein beträufeln. Bei 220 °C 22–25 Minuten im Backofen backen, bis die Birnen gar sind. Mit 2 EL Wein und 60 ml Wasser beträufeln. Nochmals 12–15 Minuten backen, dabei ein- oder zweimal mit der Flüssigkeit übergießen, bis die Birnen sehr weich sind und ein wenig Farbe angenommen haben. Mit dem Saft beträufeln und warm oder bei Raumtemperatur servieren. Als Beilage für 4 Personen.

Bratäpfel mit Trockenobst gefüllt sind ein wunderbares Dessert. Honig lässt die Äpfel strahlend glänzen. Greifen Sie zu kleineren getrockneten Aprikosen, sie sind meist weniger süß, und wählen Sie auf alle Fälle ungeschwefeltes Trockenobst.

Bratäpfel mit Trockenobst-Füllung

Für 4 Personen

16 getrocknete Aprikosen

4 getrocknete Feigen, sulfatfrei

4 weiche, entsteinte Dörrpflaumen

2 getrockneten Birnenhälften, jeweils in vier Stücke geschnitten

30 g getrocknete Cranberrys

45 g Rosinen

330 ml ungefilterter Apfelwein

4 Kochäpfel wie Boskop, Fuji oder Jonagold

140 g Honig

In einer hitzefesten Schüssel Aprikosen, Feigen, Pflaumen, Birnen, Cranberrys und Rosinen vermischen. In einem kleinen Topf 250 ml Apfelwein zum Kochen bringen. Die heiße Flüssigkeit über das Obst gießen. 30–60 Minuten ziehen lassen, bis sich die Früchte vollgesogen haben und prall aussehen.

Backofen auf 180 °C vorheizen.

Eine etwa 1 cm dicke Scheibe von der oberen Seite des Apfels abschneiden. Vorsichtig mit einem Apfelausstecher die Kerne aus den Äpfeln entfernen, dabei nicht den Boden des Apfels durchstechen. Dann das Fruchtfleisch ausschaben, sodass eine etwa 1 cm dicke Hülle zurückbleibt. Das Fruchtfleisch für ein anderes Gericht beiseitegeben. Die Äpfel in eine Aufflaufform stellen, die gerade groß genug ist, dass sie aufrecht nebeneinander hineinpassen.

Ein Sieb über die Auflaufform halten, die vollgesogenen Früchte darin abtropfen lassen. Früchte gleichmäßig mit einem Löffel in die Äpfel füllen. Rechtecke aus Alufolie über die Füllung jedes Apfels legen und 35–40 Minuten backen, bis die Äpfel mit einem Messer leicht eingestochen werden können. Aus dem Backofen nehmen und Folie abnehmen.

Wenn die Äpfel nach etwa 20 Minuten so abgekühlt sind, dass man sie mit bloßen Händen berühren kann, mit einem Schöpflöffel auf einer Servierplatte anrichten. Eventuell herausgefallene Füllung wieder an ihren Platz geben. Die Flüssigkeit in der Auflaufform entfernen.

In einem Topf den restlichen Apfelwein und den Honig bei hoher Temperatur aufkochen lassen, dann auf mittlere Hitze reduzieren und 8 Minuten köcheln lassen, bis die Flüssigkeit eingedickt und um ein Drittel reduziert ist. Die heiße Glasur über Äpfel und Füllung träufeln. Warm oder bei Raumtemperatur servieren.

Bananen sind voller Kalium und auch gefroren süß und cremig. Überziehen Sie sie mit dunkler Schokolade und Mandeln, frieren sie ein und gönnen Sie sich eine schnelle, gesunde Leckerei. Wählen Sie hellgelbe Bananen, die keine Flecken haben und nicht zu reif, sondern noch ein bisschen fest sind. Statt Mandeln eignen sich auch Pekannüsse.

Zartbitter-Schoko-Bananen mit gerösteten Mandeln

ERGIBT ETWA 30 STÜCK, FÜR 8 PERSONEN

375 g Zartbitterschokolade, gehackt
125 g geröstete Mandeln, gehackt
2 reife Bananen

In einer Schüssel Schokolade in einem Wasserbad unter gelegentlichem Rühren schmelzen. Topf vom Herd nehmen, aber die Schüssel im Topf lassen, damit die Schokolade warm bleibt.

Mandeln in eine kleine Schüssel geben. Ein Backblech mit Backpapier auslegen.

Bananen schälen und in 1 cm dicke Scheiben schneiden. Jeweils eine Scheibe in die Schokolade legen und wenden, damit alles gleichmäßig bedeckt ist. Mit einer Gabel herausnehmen und vorsichtig am Schüsselrand abklopfen, damit überschüssige Schokolade zurück in die Schüssel tropfen kann. Bananenscheiben auf das vorbereitete Backblech legen und mit den Mandeln bestreuen. Diesen Vorgang mit den restlichen Bananenscheiben wiederholen.

Die Schoko-Bananen für 20 Minuten in den Tiefkühler geben, bis die Schokolade fest ist. Dann in einen luftdichten Behälter umfüllen und im Tiefkühler bis zu 1 Woche lagern.

Ein mit Kardamom aromatisierter Sirup verleiht Noten von Ingwer, Piment, Nelken und schwarzem Pfeffer und ergänzt so die tropische Süße der cremigen Mangos auf aufregende Weise. Mit Bedacht portioniert sorgt Schlagsahne bei diesem ansonsten fettfreien Dessert für einen Hauch von Dekadenz.

Mango-Pavlovas

Für 6 Personen

- 4 große Eiweiß (Raumtemperatur)
- 1/8 TL Weinstein
- 375 g Zucker
- 1 EL Speisestärke
- 5 ganze grüne Kardamomkapseln
- 3 reife Mangos, geschält und in etwa 1 cm große Würfel geschnitten (siehe Seite 48)
- fein abgeriebene Schale und Saft von 1 unbehandelten Limette
- süße Schlagsahne, zum Servieren (Seite 219)

Backofen auf 135 °C vorheizen. Backblech mit Backpapier auslegen.

In einem Standmixer das Eiweiß auf hoher Stufe schaumig schlagen. Weinstein hinzufügen und weiterschlagen, dabei nach und nach 250 g des Zuckers hinzufügen und steif schlagen. Speisestärke über den Eischnee sieben und vorsichtig unterheben. Sechs Kleckse der Mischung auf das vorbereitete Backblech löffeln, dabei gleichmäßig auf dem Blech verteilen und jeweils etwa 7,5 cm Abstand lassen. Mit der Rückseite eines Löffels die Kleckse in kreisförmigen Bewegungen ausstreichen, sodass ein Taler mit 10 cm Durchmesser entsteht. Dann in die Mitte eine Mulde drücken. Die Baisers etwa 1 Stunde backen, bis die Oberfläche nicht mehr klebrig ist und sie eine zartgoldene Farbe angenommen haben. Das Backblech auf einen Rost setzen und die Baisers abkühlen lassen.

Mit der Breitseite eines Küchenmessers die Kardamomkapseln leicht aufdrücken. Die Kapseln mit 125 g Zucker und 2 EL Wasser in einen Topf geben und bei mittlerer bis hoher Temperatur zum Köcheln bringen. Unter gelegentlichem Rühren etwa 2 Minuten köcheln lassen, bis der Zucker sich aufgelöst hat. Auf Raumtemperatur abkühlen lassen.

Mangos in eine Schüssel geben und mit Limettensirup vermischen. Kardamom-Sirup durch ein feinmaschiges Sieb in die Schüssel gießen und alles gut vermengen.

Jedes Baiser auf einen Dessertteller setzen und mit einem kleinen Klecks süßer Schlagsahne garnieren. Mit einem Schöpflöffel ein paar Mangowürfel auf der Schlagsahne drapieren. Ein wenig Kardamom-Sirup darüberträufeln, mit Limettenschale bestreuen und sofort servieren.

Tapioka ist eine glutenfreie Stärke, die man vor allem in Asia-Läden oder im Internet erhält. Sie ist nicht sehr nährstoffreich, enthält aber einige Mineral- und Ballaststoffe. Hier wird sie zu einem immunsystemstärkenden Pudding mit Kokosmilch und frischen Mangos und Papayas verarbeitet.

Tapioka-Pudding mit tropischen Früchten

Für 4–6 Personen

- 90 g Tapiokaperlen
- 60 ml ungesüßte Kokosmilch
- 2 EL Kristallzucker
- 1 reife Mango, geschält und gewürfelt
- 1/2 reife, mittelgroße oder große Papaya, geschält, entkernt und gewürfelt
- Saft von 1 Limette
- 4 TL Rohrohrzucker

In einem Topf 1 l Wasser bei hoher Temperatur aufkochen lassen. Auf mittlere Temperatur reduzieren, Tapioka hinzufügen und 12–15 Minuten leicht köcheln lassen, bis die Perlen glasig bzw. durchsichtig werden. Durch ein feinmaschiges Sieb abgießen.

Tapioka in eine Schüssel geben. Kokosmilch und Kristallzucker hinzufügen und gut umrühren, damit sich der Zucker besser auflöst. Zugedeckt in den Kühlschrank stellen, bis die Mischung erkaltet ist, mindestens 1 Stunde bis zu 24 Stunden.

Pudding auf Dessertschüsseln verteilen und mit den Früchten garnieren. Mit Limettensaft beträufeln, mit Rohrzucker bestreuen und sofort servieren.

Bekennen Sie Farbe!

Wenn Sie Blaubeeren essen, stärken Sie Ihr Herz und stabilisieren Ihren Blutdruck. Es kann sich auch gut auf Ihr Gedächtnis auswirken. Die Wirkung der Blaubeeren und ihre intensive Farbe beruhen auf Anthocyanen (Antioxidantien), Ballaststoffen, Vitamin C und Mangan. Dunkle, gleichmäßig gefärbte Blaubeeren sind am besten. Ein silbriger Glanz verrät, dass sie frisch gepflückt wurden – er verschwindet nach einigen Tagen.

Blaubeeren finden liebend gern in Pfannkuchen, Muffins oder anderen Backwaren Verwendung. Ihre intensive Farbe sorgt auch für auffällige Getränke, Salate und leuchtende Saucen. Mit fettarmem Joghurt, Honig, und Nüssen garniert werden sie zu einem einfachen und gesunden Dessert.

Viererlei von der Blaubeere

Knallige Blaubeer-Limonade

In einem Mixer den Saft von einer Zitrone, 1 EL Honig und 30 g Blaubeeren glatt pürieren. Eiswürfel in ein Glas geben, das Blaubeeren-Püree dazugießen und mit prickelndem Mineralwasser auffüllen. Für 1 Person.

Blaubeeren-Mandel-Feta-Salat

In einer großen Schüssel 3 EL natives Olivenöl extra und 4 TL Himbeeressig verrühren und mit Salz und Pfeffer abschmecken. Eine gehackte Schalotte, Blaubeeren und 2 TL gehackten frischen Schnittlauch hinzufügen. 10–15 Minuten ziehen lassen, dann einen Kopfsalat, Blätter in mundgerechte Stücke zerzupft, und 90 g zerkrümelten Feta dazugeben und gut vermengen. Sofort mit 45 g gerösteten Mandeln garniert servieren. Für 4 Personen.

Blaubeeren-Rhabarber-Sauce mit Wasabi

1 EL Traubenkernöl in einer Pfanne bei mittlerer bis hoher Temperatur erhitzen. ½ gehackte rote Zwiebel darin anschwitzen, bis sie weich ist. 2–3 dünne, in Scheiben geschnittene Rhabarberstangen hinzufügen und unter Rühren 3–4 Minuten braten, bis sich ein sirupartiger Saft bildet. Dann 185 g Blaubeeren und 2 EL Honig dazugeben. Wenn die Beeren nach 1 Minute langsam weich werden, auf mittlere Temperatur reduzieren. 5 Minuten köcheln lassen, bis der Rhabarber gar ist. Vom Herd nehmen und ¼ TL Wasabi-Pulver unterrühren. Warm mit gegrilltem oder gebratenem Lachs, Schweinefleisch oder Geflügel servieren. Für 4 Personen.

Heidelbeer-Joghurt-Dessert

Für jede Portion 125 g fettarmen griechischen Joghurt in ein Glas löffeln. 60 g Blaubeeren darauf verteilen. Mit 1–2 TL gerösteten Mandelsplittern bestreuen und ½ TL Honig beträufeln. Schichten wiederholen, mit Honig abschließen. Für 1 Person oder mehr.

Die zitronig-kräutrige Geschmacksnote von Zitronengras kommt hier in einem süßen Sirup zur Geltung und wird dann mit saftigen Himbeeren kombiniert. Dieses Dessert schmeckt so schon köstlich, aber wenn Ihnen der Sinn nach etwas ganz Besonderem steht, fügen Sie noch ein wenig süße Schlagsahne hinzu.

Himbeeren in Zitronengras-Sirup

Für 6 Personen

- 1 Stiel frisches Zitronengras
- 90 g Zucker
- 1 kg Himbeeren
- fettarmer griechischer Joghurt, für die Garnierung

Die trockenen äußeren Blätter vom Zitronengras entfernen und ein 7,5 cm langes Stück vom Stiel aus dem blassgrünen Endstück ausschneiden. Mit der Breitseite eines Küchenmessers das Zitronengras flach drücken, sodass die Fasern aufbrechen und das Aroma freigeben.

In einem kleinen Topf den Zucker und 80 ml Wasser bei mittlerer bis hoher Temperatur zum Köcheln bringen. Bei gelegentlichem Rühren etwa 2 Minuten köcheln, bis sich der Zucker aufgelöst hat. Vom Herd nehmen, das Zitronengras hinzufügen und zugedeckt ziehen lassen, bis der Sirup ganz abgekühlt ist.

Zitronengras-Sirup durch ein feinmaschiges Sieb in eine große Schüssel abgießen, den Stiel dabei mit dem Endstück eines Holzlöffels fest drücken, um so viel Sirup wie möglich zu gewinnen. Zitronengras entfernen.

Himbeeren zum Sirup geben und vorsichtig umrühren. Himbeeren und Sirup auf Dessertschüsseln verteilen. Mit dem Joghurt garnieren und sofort servieren.

Glossar

Antibakteriell

Hilft dabei, Bakterien zu zerstören oder deren Wachstum zu hemmen. Antibakterielle Zutaten sind unter anderem Knoblauch und einige frische Kräuter wie Pfefferminze.

Antimikrobiell

Hilft dabei, Mikroben wie Salmonellen zu zerstören oder deren Wachstum zu hemmen. Zu Lebensmitteln mit antimikrobieller Wirkung zählen Lauchgewächse und frische Kräuter wie Basilikum oder Koriander.

Antioxidantien

Antioxidantien schützen und reparieren unsere Zellen und unser Gewebe täglich. Außerdem sollen sie vor Herzkrankheiten und Krebs schützen. Sie kommen als Vitamine, wie Vitamin C und E, vor. Andere sind Verbindungen in pflanzlichen Nahrungsmitteln, etwa Phytamine wie Lycopin und Beta-Carotin oder Polypenole wie die Ellagsäure. Die besten Lieferanten für Antioxidantien sind buntes Obst und Gemüse sowie Nüsse und Vollkornprodukte.

Ballaststoffe

Ballaststoffe sind jene Teile der Pflanze, die unser Körper nicht verdauen kann. Nichtlösliche Ballaststoffe lösen sich nicht in Wasser auf und beugen Verstopfung vor. Lösliche Ballaststoffe quellen im Wasser auf und senken den Cholesterinwert im Blut. Eine ballaststoffreiche Ernährung sorgt für bessere Darmgesundheit und senkt das Risiko, an Diabetes II oder einem Herzleiden zu erkranken.

Capsaicin

Die in der Chilischote vorhandene Substanz verleiht nicht nur Schärfe, sie ist auch gut für die Gesundheit. Sie soll den Stoffwechsel ankurbeln, Schmerzen lindern, Krebs vorbeugen und vieles mehr.

Carotinoide

Carotinoide sind bunte Pigmente in Pflanzen, die sich sehr positiv auf die Gesundheit auswirken: Sie verbessern die Sehkraft, stärken das Immunsystem und schützen vor Krebs. Während Beta-Carotin, das den Karotten ihre orange Färbung verleiht, am bekanntesten ist, gibt es auch noch andere Carotinoide wie Lycopine in Tomaten oder Zeaxanthin und Lutein in Spinat.

Cholesterin

Tierische Nahrungsmittel wie Eier, Milch, Käse und Fleisch enthalten Cholesterin, doch der menschliche Körper produziert es ebenfalls. Während man früher dachte, dass das Cholesterin aus der Ernährung hauptverantwortlich für hohe Cholesterinwerte sei, wissen wir nun, dass Nahrungsmittel mit vielen gesättigten Fetten den ungesunden LDL-Wert schneller ansteigen lassen als Cholesterin aus anderen Lebensmitteln. Pflanzliche Verbindungen wie Phytosterine in Weizenkeimen, Erdnüssen und Mandeln und Beta-Glucane aus Hafer senken sogar die Cholesterinwerte.

Eiweiß

Besteht aus Aminosäuren und versorgt den Körper mit den Bausteinen, die er braucht, um Zellen, Gewebe, Hormone und Antikörper zu bilden. Man findet es in Lebensmitteln tierischen und pflanzlichen Ursprungs, obwohl erstere mehr Aminosäuren enthalten, die dem Körper bei der Herstellung von Eiweiß helfen. Wählen Sie magere Eiweißquellen wie Fisch, Geflügel und Hülsenfrüchte.

Entzündungshemmend

Beugen Entzündungen im Gewebe vor oder schwächen diese ab. Zu den entzündungshemmenden Lebensmitteln gehören intensiv gefärbtes Obst und Gemüse sowie Gewürze wie Kurkuma und frische Kräuter.

Fette

Unser Körper braucht Fette, um gewisse Vitamine aufzunehmen, Zellmembranen aufzubauen und um unsere Gelenke und Organe zu polstern. Aber Fett ist nicht gleich Fett. Gesättigte und gehärtete Fette werden mit chronischen Leiden wie Herzkrankheiten in Verbindung gebracht, während ungesättigte Fette gesünder sind.

Einfach ungesättigte Fette Kommen in Nüssen, Avocados, Oliven- und Traubenkernöl vor und haben kaum Auswirkung auf den ungesunden LDL-Wert, der mit Herzinfarkten und Schlaganfällen assoziiert wird. Im Gegenteil, sie halten die Arterien frei, da sie den gesunden HDL-Wert konstant halten.

Mehrfach ungesättigte Fette Diese Fette können eine wichtige Rolle bei der Regulierung des Cholesterinwerts spielen. Während wir ausreichend Linolensäure durch Gemüse, Mais und Sojaöl zu uns nehmen, führen wir zu wenig der für die Herzgesundheit wichtigen Omega-3-Fette zu. Als EPA und DHA sind sie in Fisch enthalten oder als Linolsäure in Lein- und Traubenkernöl sowie in Walnüssen.

Gesättigte Fette Sind in Fleisch, Milchprodukten und tropischen Ölen wie Kokos- und Palmöl enthalten und erhöhen den ungesunden LDL-Wert.

Transfette Kommen in gehärteten Ölen und vielen Fertig- und frittierten Gerichten vor und sind sogar noch schädlicher als gesättigte Fette.

Flavonoide

Dieser sekundäre Pflanzenstoff beugt Herzkrankheiten und vielleicht auch Krebs vor. Dazu zählen Quercetin (aus Zwiebeln und Äpfeln), Anthocyanidine (Beeren) und Isoflavone (Soja).

Freie Radikale

Die instabilen Moleküle schädigen gesunde Zellen und verursachen Entzündungen im Gewebe. Der Verzehr von Antioxidantien hilft beim Kampf gegen diese schädliche Wirkung.

Glykämischer Index

Ein Maß zur Bestimmung der Auswirkung von Lebensmitteln auf den Blutzuckerspiegel. Lebensmittel, die den Blutzuckerspiegel rasch erhöhen, haben einen höheren Wert als jene, die ihn nur langsam anheben. Lebensmittel, die den Blutzuckerspiegel langsam und gleichmäßig erhöhen, sind für die Gesundheit am besten.

Kohlenhydrate

Es gibt drei verschiedene Arten von Kohlenhydraten: Stärke, Zucker und Ballaststoffe. Stärke und Zucker versorge unseren Körper und unser Gehirn mit Energie. Auch wenn unser Körper Ballaststoffe nicht verdauen kann, haben sie doch zahlreiche gesundheitliche Vorteile. Die gesündesten Kohlenhydrate-Lieferanten sind Obst, Gemüse, Hülsenfrüchte und Vollkorn, z. B. in Form von Vollkornbrot und -pasta sowie Naturreis und Quinoa.

Lycopin

Ein Carotinoid, das vor Herzkrankheiten und einigen Krebsarten schützen soll. Es kommt in Tomaten und anderem roten Obst und Gemüse vor.

Mineralstoffe

Unser Körper braucht Mineralstoffe in unterschiedlichen Mengen, damit er reibungslos funktioniert. Bedeutende Mineralstoffe wie Kalzium werden in größeren Mengen benötigt als Spurenelemente wie Eisen oder Zink.

Chrom Ein Spurenelement, das für den Stoffwechsel und die Insulinproduktion wichtig ist.

Eisen Dieser Mineralstoff hilft dem Körper beim Transport und der Umwandlung von Sauerstoff und spielt eine wichtige Rolle für das Immunsystem, die kognitive Entwicklung und den Energie-Stoffwechsel.

Folsäure Unterstützt die Zellgesundheit und -bildung und hilft vielleicht sogar dabei, Krebs zu bekämpfen.

Kalium Hilft dabei, den Wasser- und Mineralstoffhaushalt des Körpers zu unterstützen, und reguliert Herzschlag und Blutdruck.

Kalzium Ist nicht nur für die Knochen, sondern auch für die Muskeln und den Blutdruck wichtig. Es ist besonders in fettarmer Milch, Fisch und Gemüse wie Brokkoli oder Spinat enthalten.

Kupfer Dieses Spurenelement ist für die korrekte Aufnahme von Eisen notwendig. Es spielt außerdem eine wichtige Rolle im Heilungsprozess und für den Stoffwechsel.

Mangan Dieses Spurenelement wird für die Umwandlung von Kohlenhydraten, Fetten und Eiweiß benötigt. Außerdem stärkt es Knochen und Zähne.

Phosphor Hilft beim Aufbau von Knochen und Zähnen und unterstützt den Körper dabei, Nahrung in Energie umzuwandeln.

Selen Dieses Spurenelement wirkt gemeinsam mit Vitamin E als Antioxidans, das Zellschädigung verhindert und das Immunsystem stärkt.

Zink Fördert ein gesundes Immunsystem und ist wichtig für die Blutgerinnung, die Schilddrüsenfunktion sowie für Wachstum und Fortpflanzung.

Phytamine

Ein anderes Wort für sekundäre Pflanzenstoffe.

Polyphenole

Eine Gruppe von Antioxidantien, die in stark pigmentiertem Obst und Gemüse sowie in Tee vorkommen und die vor Herzerkrankungen und Krebs schützen sollen.

Sekundäre Pflanzenstoffe

Bislang sind etwa 10.000 verschiedene sekundäre Pflanzenstoffe bekannt, die sich alle positiv auf die Gesundheit auswirken. Stark pigmentiertes Obst und Gemüse weisen oft die meisten Pflanzenstoffe auf, aber man findet sie auch in Tee, Schokolade und Nüssen. Bekannte sekundäre Pflanzenstoffe sind z. B. Carotinoide und Polyphenole.

Schwefel-Verbindungen

Wirkungsvolle Substanzen in Kreuzblütlern, die dabei helfen, Krebs vorzubeugen und die Sehkraft zu stärken.

Vitamine

Unser Körper braucht Vitamine, um reibungslos zu funktionieren. Sie werden in zwei Kategorien eingeteilt: fettlösliche Vitamine, die nur mit Fett aufgenommen werden können und in der Fettschicht unseres Körpers gespeichert werden, und wasserlösliche Vitamine, die nicht gespeichert werden können und daher oft zugeführt werden müssen.

Vitamin A Ist in Milchprodukten, gelb-orangem Obst und Gemüse und dunklem Blattgemüse enthalten. Sorgt für gesunde Haut, Haare, Knochen und Sehkraft. Es ist auch ein Antioxidans.

B-Vitamine Diese Gruppe von wasserlöslichen Vitaminen findet sich in zahlreichen Obst- und Gemüsesorten und Vollkorn sowie in Milch- und Fleischprodukten. Dazu zählen Vitamin B_6 und B_{12}, Biotin, Niacin, Pantothensäure, Thiamin, Folsäure und Riboflavin. Sie alle spielen eine wichtige Rolle im Körper, u. a. für den Stoffwechsel und die Energieproduktion, die Nerven- und Muskelgesundheit und zum Schutz vor Geburtsfehlern und Herzkrankheiten. Cholin, das in Eiern, Getreide und anderen Lebensmitteln enthalten ist, hilft dem Gehirn und dem Gedächtnis beim Nährstofftransport und bei grundlegenden Zellfunktionen.

Vitamin C Dieses wasserlösliche Vitamin ist wichtig für die Gewebebildung, bekämpft Infektionen, hält das Zahnfleisch gesund und unterstützt den Körper bei der Eisenaufnahme. Es ist zudem auch ein Antioxidans. Man findet es in Obst und Gemüse, vor allem in Zitrusfrüchten.

Vitamin D Essenziell für Knochen und Zähne. Vitamin D ist in Fischen wie Lachs oder Sardinen und in angereicherter Milch und Müsli enthalten.

Vitamin E Findet man in Nüssen und Samen, Getreide, Blattgemüse und Bohnen. Es hilft beim Aufbau von roten Blutkörperchen, schützt bei oxidiertem LDL-Cholesterin und verbessert das Immunsystem. Es ist zugleich ein Antioxidans.

Vitamin K Grundlegend für die Eiweißumwandlung und die Blutgerinnung. Vitamin K kommt in dunkelgrünem Gemüse, Spargel und Kohl vor.

Grundrezepte

Hier finden Sie schmackhafte Dressings, Saucen und Würzmittel, die zu vielen Rezepten passen und diesen das gewisse, gesunde Extra verleihen.

Pico de gallo

3 Tomaten

1/2 rote Zwiebel

2–4 Chilischoten, vorzugsweise Serrano

1 EL fein gehackter frischer Koriander

2 TL frischer Limettensaft

Meersalz

Tomaten und Zwiebel fein und gleich groß würfeln. Chilischoten entkernen und fein hacken.

In einer großen Schüssel Tomaten, Zwiebel, Chilischoten, Koriander, Limettensaft und 2 TL Salz verrühren. 1 Stunde ziehen lassen, damit sich die Aromen voll entfalten und verbinden.

Sofort servieren oder im Kühlschrank bis zu 3 Tage aufbewahren.

Ergibt etwa 375 ml

Gremolata

30 g fein gehackte glatte Petersilie

fein abgeriebene Schale von 1 unbehandelten Zitrone

2 Knoblauchzehen, fein gehackt

In einer kleinen Schüssel Petersilie, Zitronenschale und Knoblauch verrühren. Passt gut zu gekochtem Fisch, Geflügel, Fleisch oder gedämpftem Gemüse.

Ergibt etwa 45 g

Romesco-Dressing

2 EL natives Olivenöl extra

1 EL frischer Orangensaft

2 EL Sherryessig

1/4 EL spanisches geräuchertes süßes Paprikapulver

2 Knoblauchzehen, fein gehackt

3 eingelegte Chilischoten, vorzugsweise Piquillo, abgetropft

1 1/2 EL gehackte blanchierte Mandeln

Meersalz und frisch gemahlener Pfeffer

In einer Küchenmaschine etwa 15 Sekunden Olivenöl, Orangensaft, Essig, Paprikapulver, Chilischoten, Mandeln, einen knappen 1/2 TL Salz und eine oder zwei Prisen Pfeffer zu einem glatten Dressing verarbeiten. Abschmecken.

Ergibt 180 ml

Tomaten-Vinaigrette

4 getrocknete Tomatenhälften (nicht eingelegt)

60 ml natives Olivenöl extra

3 EL frischer Zitronensaft

1 EL fein gehackter frische glatte Petersilie

1 El fein gehackter frischer Dill

1 TL abgeriebene Schale von einer unbehandelten Orange

1 kleine Knoblauchzehe, gehackt

Meersalz und frisch gemahlener Pfeffer

Getrocknete Tomaten in eine hitzefeste Schüssel legen und mit kochendem Wasser bedecken. 5 Minuten ziehen lassen. Tomaten abgießen und fein würfeln. In einer kleinen Schüssel Olivenöl, Zitronensaft, Tomaten, Petersilie, Dill, Orangenschale, Knoblauch, 2 EL Wasser, 1/2 TL Salz und ein oder zwei Prisen Pfeffer gut vermengen.

Ergibt etwa 180 ml

Pesto

1 EL Pinienkerne

125 ml natives Olivenöl extra

2 große Knoblauchzehen

Meersalz und frisch gemahlener Pfeffer

45 g frische Basilikumblätter

15 g frischer Spinat, grob gehackt

2 EL frisch geriebener Parmesan

In einer trockenen Bratpfanne die Pinienkerne etwa 3 Minuten rösten, bis sie ein wenig Farbe angenommen haben und duften. Da sie leicht anbrennen, gleich auf einen Teller geben, um die Hitzezufuhr zu unterbrechen, und abkühlen lassen.

In einer Küchenmaschine Olivenöl, Pinienkerne, Knoblauch und 1/2 TL Salz vermengen. Pürieren, bis eine glatte Mischung entstanden ist, falls notwendig zwischendurch an den Seiten nach unten schaben. Basilikum, Spinat und 1/4 TL Pfeffer hinzufügen und pürieren, bis sich alles gut verbunden hat, aber noch ein bisschen körnig ist. In ein Glas oder eine Porzellanschüssel umfüllen und Käse unterrühren.

Ergibt etwa 250 ml

Buttermilch-Kräuter-Sauce

15 g grob gehackte frische, glatte Petersilie

2 EL grob gehackter frischer Dill

1 EL grob gehackte frische Minze

1 Frühlingszwiebel, mit den zarten grünen Blättern in dünne Ringe geschnitten

125 ml fettarme Buttermilch

125 g fettarmer Naturjoghurt

1 EL natives Olivenöl extra

Meersalz

In einer Küchenmaschine Petersilie, Dill, Minze und Frühlingszwiebel fein hacken. Buttermilch, Joghurt, Olivenöl und ½ TL Salz hinzufügen und gut vermengen.

Dressing in einen Behälter mit dicht schließendem Deckel füllen und für mehrere Stunden oder über Nacht in den Kühlschrank stellen, so dickt es an.

Vor dem Anrichten gut schütteln oder durchrühren. Passt gut zu Blattsalaten, Tomaten, gedünstetem Gemüse, Hähnchen oder Fisch. Hält im Kühlschrank bis zu 3 Tage.

Ergibt etwa 300 ml

Tomatensauce mit Pfiff

7 reife Eiertomaten, entkernt

2–3 Chilischoten, möglichst Serrano, entkernt und fein gehackt

½ kleine Zwiebel, gehackt

1 große Knoblauchzehe, gehackt

1 EL Traubenkern- oder Rapsöl

Meersalz

In einer trockenen Bratpfanne die Tomaten bei hoher Hitze etwa 5 Minuten braten, wenn sie auf einer Seite schon sehr dunkel sind, umdrehen.

In einer Küchenmaschine Tomaten, Chilischoten und Knoblauch fein hacken, es soll noch stückig sein.

In einer großen Bratpfanne das Öl bei mittlerer bis hoher Temperatur erwärmen. Die Tomaten-Mischung hinzufügen und unter ständigem Rühren etwa 5 Minuten kochen, bis die Sauce andickt. Abschmecken.

Ergibt etwa 375 ml

Süße Schlagsahne

125 g kalte Sahne

2 TL Zucker

½ TL reiner Vanilleextrakt

In eine gekühlten Schüssel Sahne, Zucker und Vanilleextrakt vermengen. Mit einem Schneebesen steif schlagen. Alternativ einen elektrischen Mixer verwenden und Sahne auf mittlerer bis hoher Stufe steif schlagen.

Schlagsahne gleich verwenden oder zugedeckt bis zum Servieren in den Kühlschrank stellen.

Ergibt etwa 250 g

Fruchtsauce

250 g Himbeeren, Erdbeeren, Blaubeeren oder Mangowürfel

2½ EL Honig

1½ TL frischer Zitronensaft

In eine Küchenmaschine Obst und Honig geben und pürieren. Das Püree durch ein feinmaschiges Sieb in eine Schüssel passieren. Zitronensaft unterrühren. Zugedeckt bis zu 5 Tage im Kühlschrank haltbar. Passt gut zu Pfannkuchen, Waffeln, Kaiserschmarrn, frischen Früchten und Joghurt.

Ergibt etwa 500 ml

Selbstgemachter Joghurt

1 l fettarme Milch

30 g Magermilchpulver

2 El fettarmer Naturjoghurt (mit probiotischen, aktiven Kulturen und ohne Gelatine oder Stabilisierungsmittel hergestellt)

In einem großen, schweren Topf Milch aufkochen, dabei rühren, damit sich keine Haut bildet. Falls sich doch Haut bildet, mit einem Löffel abschöpfen. Vom Herd nehmen und auf 44–46 °C abkühlen lassen.

Milchpulver in eine saubere Porzellan- oder Glasschüssel geben. Nach und nach 125 ml warme Milch unterrühren, bis die Mischung glatt ist. Joghurt untermengen. Langsam die restliche warme Milch unterrühren, bis sich alles gut verbunden hat.

Schüssel mit einer Frischhaltefolie luftdicht zudecken und an einem warmem Ort (35–38 °C) ruhen lassen, bis der Joghurt je nach Belieben angedickt ist, in etwa 6–8 Stunden oder über Nacht. (Den Backofen auf 50 °C vorheizen, dann abschalten und den Joghurt hineinstellen. Je länger der Joghurt steht, desto säuerlicher und dicker wird er.)

Joghurt gleich genießen oder bis zu 4 Tage im Kühlschrank aufbewahren.

Ergibt etwa 500 g

Register

T

V

W

Z

Produktmanagement: Franziska Sorgenfrei
Übersetzung aus dem Amerikanischen: Jeanine Lefevre
Übersetzungsproduktion: Print Company Verlagsges.m.b.H.
Textredaktion: Bettina Dietrich
Umschlaggestaltung: Susanne Topitsch, Nebe+Topitsch Design, www.nebe-topitsch.de

Gesamtherstellung Verlagshaus GeraNova Bruckmann GmbH

★ ★ ★ ★ ★

Sind Sie mit diesem Titel zufrieden?
Dann würden wir uns über Ihre Weiterempfehlung freuen.
Erzählen Sie es im Freundeskreis, berichten Sie Ihrem Buchhändler oder bewerten Sie bei Onlinekauf. Und wenn Sie Kritik, Korrekturen, Aktualisierungen haben, freuen wir uns über Ihre Nachricht an Christian Verlag, Postfach 40 02 09, D-80702 München oder per E-Mail an lektorat@verlagshaus.de.

Unser komplettes Programm finden Sie unter www.christian-verlag.de

Alle Angaben dieses Werkes wurden von der Autorin sorgfältig recherchiert und auf den neuesten Stand gebracht sowie vom Verlag geprüft. Für die Richtigkeit der Angaben kann jedoch keine Haftung übernommen werden.

Die Deutsche Nationalbibliothek verzeichnet diese Publikation in der Deutschen Nationalbibliografie; detaillierte bibliografische Daten sind im Internet über http://dnb.d-nb.de abrufbar.

Die Originalausgabe mit dem Titel *The Superfoods Cookbook* wurde erstmals 2013 im Verlag Weldon Owen, San Francisco, veröffentlicht.

Fotografie: Erin Kunkel
Food-Styling: Valerie Alkman-Smith
Prop-Styling: Christine Wohlheim

ISBN 978-3-86244-767-1

DANKSAGUNG

Weldon Owen dankt folgenden Personen für ihre Unterstützung bei der Produktion dieses Buchs:
David Bornfriend, Kim Laidlaw, Ashley Lima, Eve Lynch, Elizabeth Parson, Jason Wheeler